心理臨床の知恵

新曜社

目　次

カウンセリングとイメージ　1　河合隼雄

カウンセリングは言語によってなされるが、その背後ではいろいろなイメージが作用している。人間のこころにとってそのイメージがいかに大切であり、それがカウンセリングの実際場面でどのように関係してくるかを、実例をあげて語る。

いまなぜ臨床心理士なのか　47　大塚義孝

臨床心理士が求められる今日の時代的実相、それを踏まえて臨床心理士養成のシステムがどのように作られているか、その訓練と資格試験の課題について述べる。またそのなかで、臨床心理士の独自な専門活動の意味も論じる。

こころの裏と表——ホンネとタテマエのはざま　83　氏原寛

ホンネとタテマエは、互いに矛盾するようで実は互いに支えあっている。しかし親子関係にしろ教師生徒関係にしろ、またカウンセリング関係すら、その「はざま」に落ちこんでいることが多い。それらの実際について具体的に話したい。

トラウマの臨床心理学　121　一丸藤太郎

犯罪被害・交通事故・幼児虐待など、現代社会に生きる私たちは誰しも、種々のトラウマに遭遇する可能性をもっている。トラウマ体験は私たちにどのような影響を及ぼし、私たちはそうした体験をどのように乗り越えることが出来るのだろうか。

心理臨床における表現療法　167　山中康裕

心理臨床の基本はいうまでもなく相手に「聴きいる」ことであるが、すべての人が自分のこころを言葉で語ってくれるわけではない。そのようなときに「表現療法」が「窓」として大いに役立つことを、実際の臨床例を通じて論じたい。

装丁　上野かおる

まえがき

本書は、帝塚山学院大学大学院人間科学研究科臨床心理学コースが、日本臨床心理士資格認定協会より臨床心理士第一種指定大学院として認可されたことを記念して、平成十六年七月二十五日を皮切りとして同年八月二十二日まで毎週日曜日の二時から四時まで全五回連続して行った公開カウンセリング講座の講義内容を、一書にまとめたものである。受講されたのは、現在第一線で活躍中の臨床心理士の方々と臨床心理士を目指している方たちを中心に、生徒指導に関わりのある学校の先生たち、子どものことをいろいろ考えたいという父兄の方々、また、カウンセリングに関心のある一般の方などざっと四百名ほどであった。

講師については、奥付をご覧いただければおわかりのことであるが、いずれも当臨床心理学コースにご縁のある方たちである。河合隼雄先生はいうまでもなく我が国の心理臨床の第一人者であるが、当コースの設置にあたっては何かとご指導くださった。当時京都大学大学院教授だった山中康裕先生、松蔭女子学院大学大学院教授の一丸藤太郎先生には、当コースの非常勤講師として直接学生を指導していただいており、かつ本学の客員教授でもある。大塚は臨床心理士資格認定協会の専務理事でもあるが、本学大学院人間科学研究科科長である。氏原は大学院生の実習の場でもある心理教育相談センター長を務めている。両名とも大学院臨床心理学コースの教授として学生の指導に大きい責任を担っている。

本学の臨床心理学コースは、何よりも、学生たちが一人前の臨床心理士になることを目的としている。したがって授業内容もかなり実践的である。修士一回生は後期の初めから実際にケースを担当することになる。もちろん前期からインテーカー（経験豊かな臨床心理士）ないし教員による面接に陪席したり、毎週の二時間半にわたるケースカンファレンスに出席し、実際のケースに直接触れたりしている。授業においても、ロールプレイや心理アセスメントなど、すぐに臨床に役立つような経験と知識が蓄積されるような配慮がなされている。またケース担当後は、外部のかなり著名な先生方に無理をお願いして、スーパーヴィジョンを受けられる体制が出来上がっている。そのために大学側から、他大学と比べて遜色のない程度の予算が組まれている。

この講座は、以上のように当臨床心理学コースに多かれ少なかれ関わりの深い先生方に、先に述べたような方々のお役に立てるような話を、ということで企画された。それだけに、当大学院が目指している方向性をかなり反映した内容をお話しいただけた、と考えている。それぞれのテーマについて、わかりやすくしかも専門的レベルを落とすことはなく、いずれもご自身の臨床経験を踏まえた実践的な内容になっている。そこで、講座を受けた方以外の皆様にもその内容をお伝えできれば何かのお役に立てるのではないかと考えたのが、本書出版の主な動機である。それが当たっているかどうかは、お読みくださった皆様方のご判断にまつよりないけれども、主催者としては、かなりご満足いただけるものと確信している。

そういうこともあって、この企画はこれからも帝塚山学院大学大学院臨床心理学コースの主催で、出版も含めて毎年開催される予定である。今後とも大いに期待していただければ有り難いと思う。

なお、出版にあたって新曜社の津田敏之氏には細々とした編集の仕事で大変お世話になった。記して感謝の意を表したい。

平成十七年五月二日

氏原　寛

カウンセリングとイメージ

河合 隼雄

社会の進歩と臨床心理学
イメージの大切さ
生きている人と人が会う
イメージが人を動かす
イメージを使った言語表現
イメージと理念
イメージの危険性
カウンセラーと芸術

社会の進歩と臨床心理学

この本を手にしている読者のなかには、臨床心理学をされている方、あるいはこれからしようと思う方が多いと思いますが、世間ではよく、こう言われます。「これほど臨床心理士がいるようになったのは困ったことだ」と。そのとおりかもしれません。「人間に悩みがなくて、苦しみもなくて、臨床心理士やカウンセラーの厄介にならずに皆が生きているのが幸福な社会である。これほど臨床心理士ばかりたくさんなっていく社会は困った社会だ。なんとかなりませんか?」、そう言われるのですが、ここにはじつは非常に難しい問題が絡んでいます。

私たちが臨床心理の勉強を始めた頃はよく、このように冷やかされました。「日本は、いまは困っているけれども、そのうちにどんどん進歩するから、悩みなんかなくなるよ。社会はどんどん良くなって、金に困るとか、食うことに困るとか、住むところに困る人はなくなってしまうので、河合さんの仕事はすぐにあがったりになるよ」と。そんなとき私は、「いや、そんなことはないですよ。社会が進歩すればするほど、臨床心理士の仕事は増えてきますよ」と応えていたものですが、実際その通りになりました。

社会が進歩することは、確かに良いことです。非常に簡単な例をあげると、いまから三十年ぐらい前と比べると、人間の寿命はまったく変わっています。人はとても長生きするようになりました。早く死ぬよりは長生きをしたほうが良い。これには誰でも賛成するでしょう。ただ、それだけをみれば賛成だけれども、高齢者の介護で苦労している人は多いはずです。

つまり、平均寿命が伸びて高齢者が増えるということは、こころの悩みが増えるということではないでしょうか。また、高齢者になった人自身もそうではないでしょうか。私などは自分がそうなっていますから、ますますそう思います。昔なら、一生懸命に頑張って、疲れ果てて、定年になって、いい加減疲れたなと思う頃にお迎えが来て、みんなに「あの人は良い人だったなあ」と言われながら向こうへ行ったものですが、この頃は、なかなかお迎えが来ません。定年になってから二十年も家でゴロゴロされたら、家族もたまらないのではないでしょうか。ゴロゴロするほうも大変です。ゴロゴロもちょっとならいいですが、二十年もゴロゴロするなどということは、よほどの人間でないと辛いのではないでしょうか。

ということで、高齢者の社会ができてきたということは、それはそれで進歩の結果なのですが、悩みもまた以前よりよほど大きくなったと思います。

あるいは旅行などにしても、ちょっとお金を節約して貯めれば海外へ行けるようになりました。パリに行った、ロンドンにも行ったと、いかにもみんな喜んで海外旅行をしているようですが、本当はそのためのストレスは、とてつもないものだと思います。皆、あまり意識していないだけです。長いあいだ飛行機に乗らなければいけない。ロンドンを見て、パリを見て帰ってきたら、全部一緒くたになってわからなくなった、というだけならばまだいいのですけれども、そこで非常に緊張して、疲れて帰って来る。楽しいことは楽しい。楽しいけれども、昔の人ならまったく体験したことがないストレスを体験しています。私の父親などは、そんなストレスは体験したことがないでしょう。

現代人は、昔の人が体験したことがないようなストレスをたくさん体験しているわけです。そのストレスと引き替えに、社会は進歩しているのです。それだけ楽しいことは多いでしょう。あちこちに行けるし、長生きもできるし、食べるものもたくさんある。このように片や良いことがうんとある分だけ、実際はこころの問題がすごく大きくなっているわけです。そして、どうしても臨床心理士の仕事が必要になってくる。このことをよく知っておく必要があります。

もうすこし言い添えておきますと、私は、モノがなかった時代よりも、モノが豊富にある時代のほうが子育ては非常に難しいと思います。いまは子育てが難しいです。

私の父親や母親が子育てがうまかったというのではなく、要は、モノと金がなかったから、うまくいっていたのではないでしょうか。たとえば自分の子どもに勉強ばかりさせようと思っても、昔は、勉強させるお金がなかったり、「勉強しろ」と言っても、親も忙しいから、四六時中怒ってもおれず、子どもは適当に遊んで帰って来たり、と、このようにうまく自然にいっていたのですが、いまの時代は、親が本当にそう思うと、実際に子どもにたいして実行するのです。家庭教師を五人もつける親までいます。いつもお母さんが見ていて、「あんた、これをしなさい。あれをしなさい」と言われます。昔はそんなことはありませんでした。また、小学生が携帯電話を持っているというようなことは、おそらくヨーロッパやアメリカにはないのではないでしょうか。日本人は平気で買い与えます。モノを買ってやったら子どもは幸福になると思っているので、すぐにぽんぽんと買ってやる。けれどもヨーロッパやアメリカの方は、モノがたくさんあるというのは子どもにとってよくないことを、長い歴史のあいだに知っているので、モノがあっても子どもに与えないようにしています。日本ではどんどん与えてしまう結果、誕生日になっても子どもには、なにが御馳走なのかわからない。親が、子どもが御馳走を食べて喜ぶと思っても、子どもは毎日いろいろなものを食べているので、ダメでしょう。

そのように、モノがないということで日本の家や家庭教育は大体うまくいっていたのですけれども、そこへモノがたくさん入ってきたとき、家庭教育を以前とは違うかたちでしなければならないのに、それまでどおりに子どもにモノを与えているのですから、いまは子どもたちが非常に可哀想です。モノが一杯あって可哀想なのです。昔は本当にモノがなくて可哀想な子はいましたが……。

こうなってくると、子どもの問題がたくさん出てきて当たりまえではないでしょうか。本来は、モノが豊富になったなら、それに見合うだけ、こころのほうも豊かになって、強くなっていかないといけないのです。こころはいままでどおりで、モノが一杯あるという現在の日本の状況のなかで、不幸なことはいっぱい起こっているわけです。

そういうことを踏まえると、私たちの臨床心理士という仕事は、まだまだたくさん、あらゆるところにあるのではないかと思いますが、社会が進歩することと、こころの問題は一緒に増えていく側面があります。このことも自覚しておく必要があるでしょう。

イメージの大切さ

読者のなかには臨床心理士として仕事をしている方もいるでしょうし、これから臨床心理士になる方もいるでしょうし、それから一般の方もいるでしょうが、ここでは「カウンセリングとイメージ」ということを考えてみようと思います。

イメージとは、日本語で「心像」と言ったりします。たとえば、目の前の花をずっと見ていて、それから目をつぶって、こころに花が思い浮かびますでしょうか？　おそらく浮かぶことでしょう。そのとき「あんな花があった」と思い浮かべるというのは、外にあったものをそのまま思い浮かべることなので、このようなイメージは、私たち臨床心理やカウンセリングの場合はあまり重要ではありません。

ところがたとえば、読者のなかには実際にお母さんがいる方もいるでしょうし、亡くされた方もいるでしょうが、目をつぶって、お母さんの姿を思い浮かべられますでしょうか？　どのようなお母さんが浮かびますでしょうか？　いろいろなお母さんの姿が出てくると思います。顔だけ出てくる方もいるでしょうし、何かしているところが出てくる方もいるでしょうし、怖いお母さんとか、笑っているお母さんとか、臨終のときのお母さんの顔が浮かんでくる方もいるかもしれません。いろいろなものを思い出すと思います。そのようなイメージは、私たち臨床心理士が考えているイメージに近くなってきます。お母さんと言ったときに

「あれがわたしのお母さんだ」と思い浮かべるものが、イメージですね。

そうしたイメージの問題が、実際のカウンセリングのなかで、どのように生じてくるのでしょうか。たとえば、中年の女性の方が『相談したい』とやって来られました。《どんなことですか?》と尋ねると、『うちの夫はあまりにも情けない男だから、離婚したい』と仰ります。聴いていると、本当に頼りない。それほど頼りない男が世の中にいるのか、というような話になります。

『わたしが「あんた、これをどうしますか?」と聞くと、「うん」と言って黙っているから、「こうしますか?」と聞いたら「うん」。「やっぱり、こうしますか」と聞いても「うん」。「うん」しか言わない。だいたい、わたしが決めたらそれに従う。自分から物事を決めるということがない。「子どもを私立にやる? 公立にやる?」と聞いたら、「そうだなぁ、私立もいいし、公立もいいなぁ」と言う。「いっそのこと、私立に決めましょうか」と言うと、「うんうん。その線でいこう」。あくる日「やっぱり公立がいい」という話をしたら、「うんうん。その線でいこう」。要するに自分の考えを持てない。あんな男と一緒に暮らしていたら、先が思いやられるから、離婚したい』と仰るのです

そんなことで、聞いているうちに、「そんなにしゅんとした、元気のない、しょうがない男と、なぜ結婚したのだろう」とも思うのですが、《それならば、一度ご主人も来られたらどうですか?》と尋ねると、『それならば連れてきますよ』『わたしが来いと言えば、すぐに来ますよ』というわけで、後日、実際にご主人が来られました。すると驚いたことに、入って来られた方は、きちんと背広を着た格好のよい男性で、名刺を出して『家内がお世話におります』と言われるのです。「これは本物だろうか」という気さえするほどで

した。つまり、私が見ている彼と、奥さんがこころに抱いている彼のイメージがまったく違うのです。ものすごく違うのです。人間というのは不思議で、ずっと付き合ったりずっと顔を見ていたりしても、思い浮かべるイメージというものは皆それぞれで、おのおので相当ずれてくるものです。

その夫の方と話をしてみると、『わたしは〇〇の課長をしております。部下は何人ぐらいいて、この頃はリストラで大変です』と、とてもしっかりしているのです。いつも「ふんふん」と言っている人は絶対に課長なんかにはなれません。でも、その人は妻のほうから見れば、途方もなく駄目な人間なのです。しかしそこで今度は奥さんに《このまえ、あんなことを仰いましたが、私がお会いしたら、ご主人はなかなか立派な方じゃないですか。〇〇の課長もしておられるし、部下のことを考えて……》などと言おうものなら、『いや、世間の人はそう言っていますよ』と返すだけならまだしも、ひどい人は「なんだ、このカウンセラーは。わたしの言うことを全然わかっていない。外面だけでパッと判断して。『あんな立派な男と離婚するなんて、考え直せ』と、このカウンセラーも思っているんじゃないか。それならば世間の人と一緒じゃないか。あんなところへ行っても駄目だ」と感じて、その人は来なくなると思います。カウンセラーにしたら一生懸命に忠告して「あんな男は滅多にいませんよ」とほめたつもりでも、それでカウンセリングは終わりになってしまいます。

そのようなときに私たちカウンセラーはどうするかというと、その女性が思い浮かべておられる夫のイメージを大事にするのです。ただし、大事にするのと同意するのは違うところが、カウンセリングでとても難しいところです。普通の人は、同意するか反対するかのどちらかです。たとえば「おたくのご主人は立派な人だ」と反対するか、「そうだそうだ。あんなものは放ってしまったほうがいい」と同意するか。そんなふうに同意したり反対したりするのではなく、そのように考えておられるイメージを「これは大事なイメージだ」と大事にするのです。大事にするけれども、賛成も反対もしないというのは、なかなか訓練されていないとできませんが、だんだんと出来るようになります。その人が仰っているイメージを「そうですか」と受けとめて、「もうちょっと考えましょう。来週も来てください」と考えて、二人でずっと考えだすのです。そうするとそのイメージがだんだんと変化してきます。これがすごく面白いところです。イメージがどのように変化していくのかは、あまりわかりませんが、クライエントがあることを一生懸命に大事にしていて、それを聞いてくれる人、つまりカウンセラーが出てくると、その人のイメージが少しずつ変わってくる。

そこがカウンセリングの一番大事なことではないかとさえ私は思います。

そうすると、これは実際にあった例ですが、ある大学生が来て、『うちの親ほど頑固で嫌なやつはいない』と話しました。それを聴いていると、確かに頑固な親父さんという感じです。しかも頑固者ですから、お父さんは少しぐらい自分が間違っていても、謝ったりしないし、我を押し通す。本当に嫌で嫌でしょうがない。そういう話をたくさんした学生さんがいます。

そのとき私たちカウンセラーは、そのイメージをとても大事にして聴いています。その学生さんは学校を行くのが嫌になり、学校をさぼっていたわけですけれども、とうとう「なんとかしたい」ということで相談に来たわけです。結局、学校へ行っても嫌になってくる。勉強をして卒業したところで、またあの親父とこころへ帰って、あの頑固親父にがんがん言われて、親父の言うままに人生を生きても何も面白くない。それぐらいだったら、こっちにいたほうがましだと思うけれども、学校へ行くのも嫌だし、なにをするのも嫌だし、学校へいかずにいたのです。その子どもが、来るなりワーっとお父さんの悪口を言いますね。それを私たちは大事に聴いて、《そうですか。お父さんはそう言いましたけれども、来週も来ますか》と言います。

ところで横道になりますが、不思議なことに、カウンセリングに来て、《来週、来ますか?》と尋ねられて来なかった人はほとんどいません。『来ない』と言った人は覚えていて、それは誰それだと言えるぐらいです。

そういえば一人、来なかった人でこんな人がいました。これはカウンセリングではなく、子どもとの遊び面接です。

小学校四年生の子で、いまだと不思議ではないのですが、とても昔の話で、その子は小学校四年生の頃に拒食症になったわけです。小学校四年生の頃からものを食べないというのは、いまではずいぶん増えてきましたが、ちなみにこのあいだ五十歳の拒食症の話を聞きましたが、当時は非常にめずらしかったのです。

その子はお母さんに連れられてきました。《こんにちは。遊ぶか?》と言って遊ぼうとするのですが、そういう子はほとんど遊びません。《なにをして遊んでもいいよ》と言って、『うん』と返ってきても、こちらの顔を見ているだけです。こちらも《なんでもいいよ》と言ったりして、ふらふらしているのですけれども、遊んでくれない。「これは、私がいくら一生懸命に頑張っても、この子の問題を受け入れるだけの力はないなぁ」と思いながら時間が過ぎて、「それでも来るかな?」と思って、《来週来ますか?》と尋ねたら、『来ません』と言うわけです。はっきりと。《嫌だろうけれども、先生は、来てくれたらいいなと思っているんだけれども》と言っても、やはり『来ません』。そういうときの子どもの「来ません」というのには、ものすごい迫力があります。もう圧倒されます。《お願いです》と言っても駄目です。本当に負けたという感じです。向こうのほうが力が強いというか。私は《残念だなあ。来られるときに来て》と言って、その子は帰ったのです。

そこで私は手紙を書きました、「来ませんと言われたけれども、私は待っています。私は待っているから来てください。来れなかったら、せめて一行でもいいから、手紙でも出してください。手紙を出したいと思ったときには、いつでもいいから出してください」と。しかしもちろん、梨のつぶてで返ってきません。ところがここの家の場合、幸い、お母さんが熱心に来られたのです。お母さんと話し合いをすることによって、お嬢さんの拒食もうまく治り、すべてうまくいって、もう会わなくなりました。

そういう、一回目でふられたすごく印象的な方ですが、感激したことに、十一年目に手紙が来たのです、「先生、覚えておられますか。先生は『いつでも手紙を書きたかったら書け』と書いてあったので、いまから書こうと思うのですが……」と。そしてこう書いてありました、「先生の手紙は、わたしがいままで生きてくる、わたしの人生を支える宝でした。いまでも持っています」と。人間関係はなかなか面白いものです。ずっと会っていないし、私もいっぺんでふられて、手紙を出したけれども来られない。お母さんとは会っていたので拒食が治っていることは知っていましたけれども、自分はその人にとってそんなに意味をもっていない、と私は思っていました。ひとつの手紙がそれぐらいの意味をもつこともあるのです。

そういう点でカウンセリングは非常に不思議なものです。こちらが思っているのとは違うことが起きるのです。それほど役に立たないと思っていたけれども案外と役に立っていたり、カウンセラーとしてはとても役に立ったと思っているけれども、クライアントはほとんどそう思っていないこともあったり。なかなか予想外のことが起こります。

すこし横道になりました。そのような人もいましたが、だいたいは次の週も来られます。なぜ、だいたい来られるかというと、やはり、そこまで熱心にピッタリと話を聴いてくれる人は、なかなか人生にいないということでしょう。「話を聴く」というと簡単そうにきこえますが、いろいろな人間関係のなかで、その人がもっているイメージを本当に大事にして話を聴くということは、ほとんどなされていないのです。

生きている人と人が会う

イメージを大事にして話が聴かれていないというのは、親子のあいだでも多いことではないでしょうか。たとえば息子が「どこそこへ旅行に行ってきた」と父親に語ったときに、せっかく息子が言いに来ているのだから、『うん』と言って待っていたらいいのに、待つ間もなく、父親は『あっ、旅行へ行ったの。楽しかった?』と聞く。息子は『うん』と言わなければ仕方がない。すると『楽しかった。良かったね』と終わるのです。すぐに結論として「正しく」「うれしく」「元気で」「幸福で」ハイ終わり、にする話が多すぎるのです。

お母さんでも、子どもが『ただいま』と帰って来て「今日、学校でこんなことがあったよ」という話を始めたとき、『ふぅん』と待っていたらいいのに、『なんで、そんな馬鹿なことをしたの』とか『良かったね』とか、先にこちらがものを言ってしまうのですね。先にものを言わずにちょっと待っていたら、旅行へ行って大失敗した話になるかもしれない。なったらなったで、『うーん』と言って「どういう旅行だったのだろう?」とこちらも受け入れていったらいいのですが、そういくまえに途中で話を切る場合がとても多いと思います。

友だちと話をするときもそうです。喫茶店で友だちがゆっくり話し始めたので、「今日はじっくり聞こう」と思って『ふぅん』と聞いていたら、「今日、職場で大失敗して、もう嫌になったからやめようと思っている」という話になる。そこで聞いているほうが『へえ。でも、あなたはよく頑張っていたし、もういっぺんトライしたら』と返すことが多いのではないでしょうか。最後になにか希望を持たせないと終わりにくいということかもしれません。相手は希望なんか持っていないのだけれども、言われたら礼儀上そうせざるを得ないから、『そうだね。やってみるよ。では、また』と別れるわけです。そうするといかにも相手に希望を与えて別れたような気がするけれども、本当は話半分で終わっているのです。

そうしたときにカウンセラーというのは、口だけで希望を持たせることを言って急に「ここで終わり」ということはやりません。つまり、お父さんがどんなに頑固で悪い奴なのかを聞いていて、普通なら『お前、そういうけれども、お父さんは大事だろう。そんなことを言っても、お父さんにも良いところはあるんじゃないのか』と言うだろうところで、私たちカウンセラーは、そう言わないのです。

しかもそれを真剣に聴いている。うわの空で聞いていたら駄目です。「カウンセリングとは、聞いていればいいんだな」などと。なにを言われても『ふんふん』『はぁはぁ』言っていれば治るのでしたら、カウンセラーはいりません。それならときどき『ふぅん』とか『はぁ』とか言うカウンセリングロボットを作ればいいのですから。しかしそれは駄目でしょう。生きている人間が、生きている人間と向かい合って、話をしていることは、ものすごく大事なことです。また、生きている人間と生きている人間が真剣に、相手の持っているイメージを大切にしながら、五十分間も話し合うということは、おそらく他の世界ではないのではないでしょうか。

読者のなかにも、これからカウンセリングをなさる方もおられるでしょうが、初めてのときは、ものすごく疲れます。私など初めは、午前中に一人会って午後に一人会うと「疲れるなあ」というぐらいのペースでした。それからだんだんとたくさんの人に会うようになりますが、それは人の話をずっと聴いて、そのイメージを大事にして持っていても、自分がやられてしまわないように鍛えられてきたからであり、初めのうちは非常に疲れるものです。

これはなぜだか、おわかりでしょうか。

クライエントのイメージというのは、本当のところ、どの程度どうなのか、ちょっとわからないところがあります。そこでこちらから話したら簡単でしょう。たとえば向こうが『うちの親父は頑固なんです』と言ったときに《頑固親父？　職業は何？》と尋ねて、『警察官です』と言ってくれたらいっぺんにうれしくなって《警察官？　それは頑固ですよ》と勝手に決めてしまったり。それは相手が持っているイメージではなく、自分が勝手に決めているイメージです。「警察官が頑固である。よってこの親父は頑固である。父親が警察官をやめない限り、問題は解決しない」「終わり」などと、自分の考えで物事を決めつけてしまっては、クライエントのイメージはわかりません。

そうではなく、「相手が持っている世界をどうしてわかろうか」と持っていくことが、カウンセリングの非常に大事なところです。このことがわからなくて『カウンセリングは聞いているだけだから楽ですね』などと言う人もいますが、カウンセリングに要するエネルギーを嘘と思うならば、本当に話を聴いてみてもらえばわかるはずです。大変です。自分の考え方を一時間しゃべるほうがよっぽど楽だと思います。聴いている方が疲れるはずです。

そのようにしてイメージを大事にしていると、生きた人間が生きた人間にイメージを語って、こちらが聞いていると、なにかが変わってくるものです。

先の、父親の悪口を言った息子は、三回目ぐらいに、興奮して『あんな親父、死んだほうがましだ』と言いました。そこで私が《死んだほうがまし》と応えたところ、彼は突然、黙ってしまって、しばらくして『でも先生、学費は親父が出しているんです』と言うのです。「あんな奴は死んだほうがましだ」と考えた途端、「あいつが死ぬと学費はどこへ行くのか」と思いつくのが人間の面白いところです。そういうとき私はまた《そうか。学費は親父が出している》と応えるだけで、両者ともイメージを大事にしているわけです。クライエントはこころのなかで、「嫌だ嫌だと言っていたけれども、いままで学費を全部出してくれたのは親父じゃないか」と変化します。そして『「死ね」なんて、どうして言ったんだろう』と。そこで私は《どうしてそんなことを言ったのでしょうなぁ》と、パッと受け入れるわけです。そうしながら、あれを言ったりこれを言ったりして、だんだんとその人の父親像が変わっていくのです。

ところで興味深い後日談があります。その人が国に帰ってだいぶん元気が出てきて、しばらくしたら、お父さんから私に電話がかかってきたのです。『息子に聞くと、先生にずいぶんご指導を願っているようですねぇ』と仰るので、《いや、別に指導しているわけではないですけれども》と応えたところ、『子どもが変わったので、びっくりしました』と。彼は、帰って来るときはいつも「〇時に帰るから迎えに来い」と言うらしいのです。駅から遠いところに住んでいるようで、車で迎えに行くわけです。そのとき今回は彼が「お父さん、ありがとう」と言ったらしいのです。『生まれて初めて、息子に礼を言われました。先生は相当、しつけを指導されているのでしょうねぇ』と。私はしつけの指導などまったくしていません。話を聞いているだけです。ところが息子さんは、親父の悪口をさんざん言ったあげく「そういう親父に、いままで自分は学費を出してもらうということを忘れて、勝手に悪口を言っていた」と、いろいろ思いながら国へ帰って、そこに親父さんがいたので、「あーっ、迎えに来てくれた。ありがとう」という気になったのではないでしょうか。

お父さんからすると「大学でしつけをする指導者に会ったらしい」ぐらいに思っているのでしょうが、私がしているのは、その人のイメージを非常に大事にすることです。ただ、大事にしているなかで、変わっていく、その変わり方に、一緒についていっているわけです。

イメージが人を動かす

実際に読者の方々も、自分はあることに動かされているのか、あるもののイメージに動かされているのか、どちらかわからないということも多いと思います。イメージが動かすということをよくしているのがコマーシャルです。車を売るならば、車を最初から見せて、これはハンドルで、何輪駆動で、どう動いて、後ろへ行けるとか説明すればいいのに、それがありません。きれいな女の人が出てきて、帽子なんか被ってポーズをとっているところに車が通るだけで、テレビの前の人が「あれを買おうか」と思うわけですから。

また、そういうことを非常に組織的におこなっている人たちに、たとえば政治家などがいます。自分のイメージをどうするのかとか、隣の国のイメージをうんと悪くしておいてこちらで得をしようとか。いまでも韓国の人たちが日本のイメージを悪く持ったり、また日本人が韓国のイメージを悪く持ったりして、お互いにやりあっている。以前よりは交流が盛んになっているので、そのようなイメージの宣伝をしても誰も脅かされないでしょうからうれしく思うのですが、それまでは、知らなかったことを前提にして、変なイメージだけで得をしようなどと考える人も出てくるので、イメージというものは怖いものなのです。このような、イメージの怖さもよく知っておく必要があると思います。

とにかく人間というものは、頭でいろいろと考えているけれども、イメージで相当動かされています。かなり賢い頭の良い人でも、いざとなると馬鹿なことをする人がいるのでしょうか。たとえば、あれだけ物事をわかっている人がなぜあんな高い車を買うのだろう？　とか。

これも横道に入りますが、昔の大スターというのは、その人自身が何をしているのかを他の人に知らせないようにしていました。格好の良いところばかりを見せて、「あんな格好良い人はいない」「天使みたいな人だ」と私たちも想像して憧れていたものですが、そういうスタイルがだんだんと流行らなくなって、最近では、あれほどすごい俳優でも悪いことをしているとかなんとか、陰のことをワイワイ言って新聞に載ったりするのが流行るようになってきたわけですが、「きれいな人や素晴らしい人なんて世の中にはいないんだ」

と皆が思い始めた頃に、ちょうど「いや、そういう人もいますよ」と言って出てきたのが『冬のソナタ』ではないでしょうか。あれに出てくる俳優さん女優さんは、昔の日本のスターによく似ていますね。日本人がああいうものにボーッとなるということは、なんのかんの言っても、人間にはボーッとなりたいところがあるのです。イメージに酔いたいところがある。

ただし、「わたしはイメージでやっているのだから、これも楽しいな」と思ってやっているのか、それが本当になってしまって「ヨン様以外とは結婚しない」となってくるのか。そこのところのちょうど真ん中あたりのことが、カウンセリングの場面ではいろいろと出てくるわけです。私たちはこのことをよく知っておいて、そうしたところを大事にしていかなければならないと思います。

例えば高校生が、サッカーの選手でもバレーボールの選手でもいいのですが、「あの選手は素晴らしい」という話をしだしたとしましょう。「一度あの選手のところへ行きたい」「みんなで行こう」などと言いだして、選手のことをあんまり熱心になりすぎて、本当に会いに行くと言う。握手ぐらいならいいけれども、どこかに連れて行かれたらどうなるだろうと心配するぐらい、熱をあげる人もいます。

そうした高校生を前にしても、私たちカウンセラーは、そのイメージを大事にして聞いているのですが、そういうことをしていてだんだんとわかってくるのは、皆、こころのなかにあるイメージを膨らませながら、それを話しながら、だんだんと成長しているということです。その高校生と話をして気がついたのですが、考えてみると、隣の席のA君にボーッとなったら、手紙を出さないといけないし、手紙が帰ってくるかもしれないし、やらなければいけないことが一杯あって難しいけれども、サッカーの選手を死ぬほど好きになっても、あまり害はありません。「飛んでいく」とは言うけれども、本当に飛んでいきはしませんから。ここが大事なところです。あるいは、宝塚歌劇をものすごく好きになる人がいますが、劇場で「キャー」とか「ワァー」と騒いでも、それは実害を及ぼしません。隣に座っている子に「キャー」と抱きついたら大変なことになりますが、実害を及ばさない程度に、ちょうどいいところで「ワァー」と言って楽しんでいる。皆そうしながら、実際の異性とはどういうものか、本当に好きになるとはどういうことであるのか、ということをだんだんと勉強していくのではないかと思います。

これはユングという人も内なる異性ということばで言っていますが、男性のこころのなかには女性像があって、女性のほうには男性像があって、そういうイメージがとても大事なのです。「わたしの永遠の魂と関係するほどの女性はあの人だ」と、誰かがそれになる時がある。「ものすごい知恵を持っていて、その人に聞けば必ず答えは返ってくるという男性はあの人だ」というようなイメージが浮かぶことは誰でもある程度あります。

そういう話を聴いていると、なかにはこのような変な気持ちを起こす人もいます。きれいな女性が来てカウンセラーに『先生は素晴らしい』と言ってくれるのはいいのですが、目の前の自分のことは放っておいて誰か俳優のことを素晴らしいと言うと、『あれはあまり素晴らしくはないですよ』と言いたくもなりますね。『このわたしを何と思うのか』とは言わないけれども、「こころの悩みで相談に来ておいて、俳優の話ばかりしているではないか」とか「サッカーの選手の話ばかりをしているではないか」とかいう気持ちになる人はいます。けれども、そのように思う必要はありません。

というのは、そういうイメージのなかに、その人のこころ、その人の魂といってよいほどのことがだんだん語られてくるからです。その人が誰かに熱をあげているとき、それに聴き入ることによって、「サッカーの選手のことを言っているように見えるけれども、じつはこの人のこころの深いところを語っている」「誰か俳優のことを言っているようだけれども、じつはこの人のこころの深いところを語っているのではないか」といったことが、非常によくわかるようになります。そしてまた一生懸命聴けるようにもなります。

それが俳優とかスポーツ選手でなく身近な人になってくると、興味深いことが起こります。そして典型的なのは、嫌いな人の話で、それは聴いていて非常にわかりやすいところがあります。ひとつ例をあげますと、ある会社に入って十年ぐらい働いている人がいます。「こころが鬱々として、仕事が嫌になった」「なにもする気がしない、もう死にたい」ということで相談に来られました。

《会社はどうですか》と尋ねると、『いままでは面白かったんですが、最近はなにも面白くなくなりました』と言います。《どこが面白くないですか》と尋ねると、『だいたい、最近入ってくる若い女の子を見ていると嫌になってくる。自分たちが十年前に入ってきたときは「なにはともあれ会社のために頑張ろう」とか「仕事をするのだから、仕事に熱心になろう」という気持ちで、「どうしたら仕事ができるか」という気持ちでやっていた。ところが最近入ってくる若者は、まるで会社に遊びに来ているかのようで、髪の毛は茶色にするし、なにか一杯身につけて、チャラチャラして来る』と。そして『だいたい先生、仕事場というのは神聖な場所でしょう。戦闘場面みたいなものだから、それにふさわしい服装をして、それにふさわしい心持ちで「よしやってやろう」という気持ちで来るのが本当だと思う。自分たちはそういうふうにして十年間やってきた。ところが最近入ってきた子はそんなことをぜんぜん思ってない。結局のところ「遊ぶところができた」みたいな感じ』と、その新入生Aの悪口を言うわけです。化粧が濃いとか、あんなジャラジャラつけていたら仕事ができるはずないじゃないか、とか。

ここでも私たちは、そのイメージを大事にして《はぁ》と応えながら聴いているのです。そうして大事にしながら聴いていると、そこから話がまた変わってくるところが面白いのです。

また、たとえば『先生、そうでしょう？　だいたい仕事というのは神聖なものじゃないですか！』と言うのに対して、《それはそうだけれども、あなたは私にそんなに怒らなくてもいいのではないですか》などと返すこともあります。あるいは《もうちょっと普通に仰ったらいかがでしょう。私が怒られたかと思いました》というように返したら、相手は「なぜ、わたしはこんなに興奮するのだろう」と感じて、距離がとれるのです。よく似た話でこんなこともありました。私にものすごく怒った人に《私にそんなに怒らなくてもいいではないですか》と言ったところ、相手は『うーん、なぜわたしはこんなに怒るんだろう』と言ってから、『あーっ、わたしもやってみたいのではないでしょうか』と。

さて、その「ジャラジャラしたのは悪い」と言っていた人ですが、彼女は何度も怒っているうちに、なんと自分も上等なアクセサリーをつけて来たのです。《今日はちょっと違いますね》と私が言うと、『いえ、ちょっと。やはり女性ですから、仕事は仕事、女性は女性。両方やらないと』と語りだしました。そういうことを語りはじめると、『先生、近頃の若者にも良いところがありますね』とか『チャラチャラしていると思っていったけれども、あれから、こういう良いことがありました』と、だんだんと話が変わってくるのです。

話が変わってくるあいだに、じつはその人も変わっていくのです。『女性でも、男性でも、仕事は熱心にやらなければいけないけれども、やっぱり男は男で、女は女。両方とも両立するはず。だから、わたしはそれをやっていこうと思います』というように。つまり、そう思うまえに、それを無茶苦茶やりすぎている人に腹が立つわけです。そのときは他人の話をしているように見えながら、じつはその人は自分のことを言っている。そう思ったらわかりやすいかもしれません。

自分のこころのなかから生まれてきている新しい可能性、「これまでは硬く硬くと思っていたけれども、もうちょっと人生は面白く生きたほうがよいのではないか」とか「もう少し自分もアクセサリーを付けたほうがよいのではないか」と、可能性が生まれかかってきたときに、自分のこころが「そうだ」と言うまえに、そういう嫌な人がいる、という話をされる。これは非常に多いと思ってください。

イメージを使った言語表現

ここで、カウンセリングにおけるイメージの問題について、もう少し違った角度から考えておきたいと思います。

日本語にはたとえば「あなたの言うことはわかりません」と言うかわりに「飲み込めません」と言ったり、「とんと腑に落ちない」「頭にきた」といった表現があります。これをそのまま英語に訳したら、絶対にわからないと思います。他にも「背伸びしている」など、いろいろな言い方があります。クライエントのなかには、そういう表現を使う人がいます。「ほとんど飲み込めないのですよ」と言われたばあい、「とんとわかりません」と言われたのとは少し違うのではないでしょうか。

これは実際にあった話ですが、学校の先生で指導に非常に熱心な方がいました。独身の先生ですが、問題のある子を自分の下宿に泊まらせて、一緒に頑張っていたのです。そうすると子どもはどんどん良くなってきて、他の先生も「さすがだなぁ」と誉めてくれるし、とても喜んでいたのですが、じつはそのあとパーンと裏切られたわけです。

　裏切られるということは、私たちもしょっちゅう体験します。その方が来られて『先生、飼い犬に手を噛まれるとはこのことですよ。自分が一生懸命やっていた子にパーンと裏切られたなんて』と言いました。そのとき私が何と応えたかというと、《えーっ、あなたは犬を飼っていたのですか?》でした。すると『いいえ、違います』と言われますが、私は《人間と一緒に住んでいたのではなく、飼い犬と思っていたんじゃないですか?》と。

　つまり、飼い犬とは思ってはいないけれども、ちょっとそういう気が出てくるのです。一緒に住んでいて、「あーっ、良くなった良くなった」と感じられる。職員室でも有名になって『あの問題のある子がこのごろ良くなってきた』と言われます。『いや、わたしは別になにもやっていませんよ』と言いながら、「やっているんだ」という顔になっている。そのうちに「わたしがやっている。わたしがやっている」という気がしてくると、それこそ、一緒に住んでいる子どもが飼い犬であるような気になってくるのではないでしょうか。

　その表現はクライエントが不用意に口に出したのですが、そこをパッとつかまえるところが肝心です。『飼い犬に手を噛まれた』《あなたは犬を飼っていたのですか?》と。そうすると自分の欠点がわかって、「あっ、わかりました」と言うことになります。そうすると「そうでしょう」「なかなかね」と言うだけで話は通じてきます。そうでなくて、もしその人が来たとき私が《子どものことで、鼻にかけて威張っていたのではないですか》というような言い方をしていたら、相手は『いえ、わたしはそんなことは思っていませんよ』と返したかもしれません。ところが「飼い犬に手を噛まれた」という表現があったばかりに、私はパッと言いやすかった。それと同じで、たとえば『その話は飲み込めません』と言う人がいたら、《いや、いっぺんに飲み込まなくてもいいのですよ。細かく砕いてやりませんか》という言い方をして、話が通じるときもあります。

その意味では、イメージを使って語るということは、なかなか面白いと思います。そのイメージのなかに案外と答えがあったりするのです。『坂から転がるみたいに落ちました』と言う人がいれば、《転がるあいだに、なにか拾いませんでしたか？》と冗談半分で言うのですが、相手は『悪いことばかりではなかった』となります。そのときに《いや、失敗とはいうものの、なにか良いことはありませんでしたか》などと言うと、その人は乗らなかったかもしれません。「転がるあいだに、なにかを拾う」というイメージのなかで、その人はなにかを思いつくのでしょう。

イメージを使った表現というのは、生き生きとしていて具体的です。そのように語られると、こちらも案外と、面白いこと、世界をパッと受け入れられるようなことが言いやすいところがあります。そこに注目をして、話をすることが大事なのではないでしょうか。

ちなみに、先ほどもあった「腑に落ちる」という言い方は、日本語の面白い表現です。『先生の言うことは、頭ではわかりますが、腑に落ちません』と言う人がいます。知的にはわかっていても、「う～ん」と思わないとできないのです。この「う～ん」と思うことを「腑に落ちる」という言い方をしたときに、「腑に落とすにはどういう方法があるのでしょうね？」といった話をしたりしていると、面白いことが出てきたりもします。ほかにも、「片腕をもがれたような気がする」「片腹痛い」のような表現もあります。そうした二ュアンス表現が日本語はとても豊富ではないかと思います。

そういう身体表現を使って語るということは、人間のこころは案外、身体と関係しているということではないでしょうか。こころだけがポーンとあるのではなく、わたし全体、人間全体として「そうだ。やりましょう」とならないと、人間はやりませんから。そのとき身体の表現がいろいろと出てくるのは興味深くもあるし、私たちカウンセラーも、そういう点に注目して話を聴いていると、身体を使った表現に乗っていけるのではないかと思います。

このように、イメージというものは、生き生きとしていて、生命力があります。イメージを語るだけで、パッと「やろうか」と思う。たとえば本当にサッカーの選手を好きになったら、とるものもとりあえず汽車に乗って追っかけをやる人もいれば、宝塚に行くために前の晩から並んだり裸足で走る人もいます。そのようなことは普通ではできません。ちょっとしたことが頭ではできないところが、イメージというものが動き出すと、ものすごい力が出てくるわけです。

このことでユングは非常に面白い言い方をしています、「イメージというものは、ものすごい生命力を持っている。しかし本当のところは、なにやらわからない」と。たとえば《なぜあなたはあんなサッカーの選手に熱心なの?》《なぜあの女優がいいの?》尋ねたら、『いや、とにかく、なんとなく格好いいの』となりますよね。それなのに、ものすごく張り切っていると思っていたら、三日経ったらもうやめていたりします。急に他に変わったりもするでしょう。そのように、生命力はものすごくあるのだけれども、確からしさ・明確さを持っていないのです。

イメージと理念

その点、逆に、私たちの「考え」や「理念」は、明確さを持っているけれども、生命力に欠けます。その両方を人間は持っているのです。

たとえば私が講演会で『カウンセリングでは相手に共感することが大事です』と話すと、「そうか」と思って、受講者の方々はノートに「共感」と書いて帰るのですが、帰ったら何をやったらいいのかわからなくなるのではないでしょうか。考えとして「共感が大事です」「受容が大事です」と聞くと、「わかった。明日からいける」と思うけれども、実際はなにもいけない。理念というものは「そうだ。そうだ」と明確にわかるけれども、「あーっ」と突き動かしてくるものはないのです。その点、『とにかくイメージを大事にしようではないですか』と話すと、「よし、俺もやってみようか」となって、少し具体性が動きます。ただし「イメージを大事にするとは、なんだろう」と考えだすとわからなくなってきます。「それは共感ですか？　受容ですか？」と考えだすと、わからなくなってくるのです。

実はユングの言いたいことは、どちらも大事だということです。どちらも大事なのですが、一長一短だということをわからないといけない。イメージばかりでやっていると、明確さに欠けて失敗します。一方、理念で話をしている人は、明確に「そうだ。そうだ」とわかっているけれども、知らない間に生命力がなくなって、実際には何もしない。現実にそういう人はおられます。たとえば「こういうことが大事だ。そのためにはこれをしなければいけない」とか、「環境を守らなければいけない」とか、話はすごくかっちりとわかるけれども、本人は何もしていないという方のことです。そういう人は理念だけで動いているわけです。もちろん、その逆の人もいるでしょう。「わーっ、やろう！」とその人が旗を振り回すと、一瞬ついていきたくなるのだけれども、ついていったらどこへ行くのかはわからない。そのような人もいます。

生命力をもったイメージと、明確さをもった理念の二つを、人間はどんなふうに組み合わせて、どんなふうに生きているのでしょうか。理念できちんと説得することはできるのだけれども、感性でくるところは、その前のところです。頭でわかっていてもできないわけだから、もやもやとしたところでとらえているわけです。そして、カウンセリングでは、そのもやもやしたところのイメージが大事になってきます。だから私は「イメージを大事にしよう」と言っているわけです。

たとえば誰かが「うちの夫はこういう人だ」と話したときに、「その人の職業は何ですか？　課長ですか？」とか「月給はどれくらいもらっていますか」とか尋ねると、はっきりわかってくるようだけれども、知らない間にイメージから離れていることになります。課長とか月給は放っておいて、ともかく頼りないというイメージでいったほうが話は通じるわけです。

イメージの危険性

その反面イメージは、生命力が強く、突き動かすところが強いので、怖いところもあります。揺り動かされると、どこまで揺り動かされるのかわからないのです。

このような例があります。ある非常に難しい方がカウンセリングに来られて、カウンセラーは一生懸命に聴いていました。ところが聴いていても、あれも駄目、これも駄目という話ばかりになって、「これは難しい。どうしようかな」と思っていたら、あるとき、その方が来られて『先生、お世話になりました。先生よりもはるかに信頼できる人がみつかったので、そちらへ行きます』と言うのです。《そんな立派な方が見つかったのなら、そちらへ行ってもらってもよいのですが……どんな方ですか?》と訪ねたところ、『このあいだ道を歩いていたら、君、君、と呼び止められて、「君は悩みがあるでしょう」と、ズバリ当てられた』と。そのように悩みを当てるのがうまい人は本当に上手です。その方は図星で当てられ「わたしのところに来なさい。そして、こころを込めて祈らなければいけない」ということで、二人で祈った。すると、バラバラと金の砂が降ってきた。そして「ここまで集中したら、金も手に入るのですよ。わたしのところへ来ませんか」と。その方は『先生のところへ行っても、金の雨は降らないし、ハイハイと言っているだけじゃないですか。わたしはあっちへ行きます』と言って、実際に行ってしまったそうです。

そういうときカウンセラーはどうするでしょう。「イメージを大事にしなければいけない。だから金の雨だ」では《どうぞ、どうぞ》とは、ちょっと言えないでしょう。なぜかというと、そう簡単に金の雨は降らないことを私たちは知っているからです。「どうせカラクリかなにかをやっているに違いない。そんなカラクリをして人を引っ張り込むような人では、どうぜろくな事はないに違いない」だから《あなた、やめてください》と言いたくなるのではないでしょうか。ところが《なにを言っているのです、あなた。金の雨なんて、滅多に降りませんよ》『いや、滅多に降らないものが降ったのですよ』と言われたら、「あー、そうか」という気に少しなってきますね。そういうことになってきたとき、私たちは、その人が持っているそのイメージを大事にして《どうぞ、そちらへ》と応えたほうがよいのか。それとも《それは絶対にまやかしだ。わたしのほうに来なさい》と応えたほうがよいのか。非常に難しいでしょう。こういう難しい問題が起こってきます。

イメージを大事にしていると、うまくいく人は話しているうちに自分で変わってきて、たとえば先の例のように「お父さん、ありがとう」ということになり、こちらもうれしくなるのですが、うまくいかない場合は、いろいろと難しいことが起きてくるのです。

これも実際にあった話です。お父さんの悪口を言いまわるお嬢さんがいました。ひどいお父さんだったのでしょう。ただ、ものすごい悪口を言っているうちはまだよかったのですが、『先生、わかるでしょう、わたしの気持ち。いつかあの父親を亡き者にしたい』と言ってきました。そこでカウンセラーが《うん、それはわからないでもない》と応えると、『これ、青酸カリなんですけれど、これをいつ飲まそうかと思って……』と言うのです。そんなときはどうしたらよいでしょう。難しいと思います。そのような場面で《駄目です》と言うと怒る人もいます。たとえば『いまごろなぜ駄目と言うんですか。わたしがお父さんの悪口を言っていたとき、先生はフンフンと聞いていたじゃないですか。あそこまで、うちの親父は悪いことがわかっていて、殺すのがどこが悪いのですか』と向こうは開き直ってきます。そうやって開き直ったところから、カウンセラーとクライアントが向き合わないといけないという場面は、難しいことをやっていると必ず出てきます。

もうひとつ、例をあげましょう。これも「親父を殺す」と言っていた人です。その人は青酸カリではなく、『これでやります』と、ドスを出してきました。その精神科のお医者さんは、それほど訓練も受けずに「カウンセリングはとにかく話を聞いていたらいい」と思ってやっておられたところもあったので、《はぁん》《ふぅん》という感じで別に止めもせずにいたら、その人はドスをポケットに入れて、そのままさよならと帰っていきました。

そうしたところ、その晩、そのクライアントがそのドスを持って、宿直しているその先生のことを殺しに来ました。殺しに来たといっても、黙って入って来たのではなく、入口から怒鳴ったのです。入口から先生の名前を呼んで、『○○を出せ。殺してやる』とドスを抜いた。私は、これは素晴らしいと思います。本当に殺す気があったら、黙って入って来たらいいのに、入口から怒鳴る。それなら絶対に止められますよね。だから、止められて、事なきを得たのです。

ところで、その人がいちばん言いたかったことは何でしょう。私は、「○○先生、あなたは必死にやっているのか？　生命がかかっている仕事をやっている、ということがわかっているのか？」と言いたかったのだと思います。せっかくドスを持って来て「親父を殺す」と言ったのに《はぁん》と言われたわけですから。やはり「やめろ」と言う勇気が大事でしょう。私ならそういうときには「やめろ」と言います。そうしたら向こうは言い返すでしょう、『先生、わたしがお父さんの悪口を言っていたのがわからなかったんですか』と。そこから《あぁ、わかっています》『じゃあ、なぜ止めるんですか』《わかっていても止める。どんなに父親が憎いかわかっていても、私は人殺しは止める。それが嫌だったら、よそへ行ってください》というぐらい頑張ったら、「あぁ、こいつも少しは頑張っているのだな」とわかります。「よし、こいつも真剣だから、おれも真剣だ」というところで、そこで衝突が起きることによって、次へつながるのです。

ところが「イメージの世界を大切にしている」というとき、ぼうっと聞いているだけで、カウンセラーその人という存在が消え失せてしまっていたら、クライエントはだんだんと不安になってきます。そういうときはだいたい、自分という人間がどういう人間なのかをわからそうということが、どこかで起こってくると思って、間違いありません。うまくいっているときは、そんなことは起こりません。うまいっているときには、ほとんど話を聴いているだけでうまくいきます。「ほんとかな?」と思うくらいです。初めは悪口ばかり言っていた人が「お父さんにも良いところがある」と言い出したり。ところが難しい人は「そう言っているお前は、ほんものか?」ということをどこかで突きつけてきます。先の例のように、裏切る人もいます。そのときに「飼い犬に手を噛まれた」などと考えるのではなく、「なぜあの子はああいう裏切りをするのだろう。裏切るということでしか表現できなかったものは、何なのだろう」ということを考えないといけません。そうすると、裏切りのなかの意味がわかってきます。

普通に考えると、裏切るということは一番いけないことと考えられるでしょう。しかし案外に、人というのは裏切るものです。たとえば、「裏切ることでしか自立はできなかった」と語った人がいました。「自分はAという先生について、一生懸命に、A先生の言うことならばきくし、何でもAという先生と同じようにやったけれども、とうとう自分という人間が出て、Aさんは A の道を行く、自分は自分の道を行くとなったとき、お互いにそれを話し合って別れたり、『お世話になりました』と言って別れるのがよいかもしれないけれども、けれども、まったくベタベタにひっついていたら、裏切るよりしょうがない」と。

裏切りが偉いと思う気はひとつもありませんが、要は「私たちカウンセラーがそのとき、どういうイメージを持って、クライアントに会っているのか」ということだと思います。裏切りイコール悪いと思っているのか。いろいろな裏切りがあって、どの裏切りがここで起こってこの人が喋ったりしようとしているのか。などなど、カウンセラーは相当豊富なイメージ、いろいろなものを持っている必要があります。

カウンセラーと芸術

そういう意味でも、カウンセラーが芸術にふれるということはとても大事だと思います。文学作品にはイメージがいっぱいあるでしょう。芝居にもあります。音楽や映画にもあります。詩や歌にもあります。そうしたいろいろな芸術のなかに、人と人との絡み合い、人間が抱くイメージが、ものすごく豊富にあります。イメージの宝庫と言ってよいのではないでしょうか。

自分はカウンセリングでクライアントのために一生懸命にやっているのだから時間がない、と言う人もいます。確かに熱心にやっているとなかなか時間がありませんが、そのなかなか時間がないなかのちょっとしたあいだでも、小説を読んだり映画を見たりすることは、とても大事だと思います。自分のイメージをとても豊かに持てますから。つまり、こちらが豊かにイメージを持っていないと、相手の話を本当に聴けないのです。相手がものすごいイメージを出してきたのに、こちらの理解力が貧困だと、ついていけないわけですから。だから、カウンセラーになるということは、なかなか大変なことです。

私は京都大学にいたとき、臨床心理の大学院生と一緒に、音楽会をやったり、連歌の会をやったり、いろいろなことよくやりました。みんなで小説を読んで、作家の方に来ていただいて話をしたりとか、いろいろなことをしましたが、こうすることで、私たちのイメージは豊富になるのです。文化庁へ行ったのでますます宣伝したくなるのですが、日本の文化芸術にはすごいものがあります。私は最近、映画をよく観ているのですが、映画や芝居も素晴らしいです。

ちなみに日本人はあまり芝居を見ないのですが、私は俳優論とカウンセラー論は大きく重なるところがあると思います。演劇が好きな人は俳優論とカウンセリングのことを論文に書けるぐらいではないかと思っています。私が初めて俳優に関心を持ったのは、自分が数学の教師をしているときです。「教師というのは俳優によく似ているなあ」と。そして実際、私も講演会などでは俳優をやっているわけです。皆の前で演技をしないといけませんから。そうすると俳優論とカウンセラーのことを結びつけることもできる。そもそも演劇のなかには殺し合いもあるし、嫉妬や恋愛もあるし、いろいろなものがあります。そして舞台の上で起こっているようなことを、私たちはカウンセリングの部屋でいろいろと聞くわけです。そのとき、素晴らしい芸術作品は教えてくれるところが大きいし、イメージもすごく豊富になると思います。ですから、そういうことをぜひやって欲しいと思います。できれば大学院の授業のときに、なにか一緒に見に行って、あとで話し合うという、というようなことをやってもいいくらいではないでしょうか。案外なところに、カウンセラーとして勉強になることがたくさんあると思います。

音楽でいうと、このメロディを演奏するときにこの演奏者はどういうイメージを思い浮かべて演奏しているのか？　その音を聞いている人はどんなイメージを思い浮かべるのか？　そう思うといくらでも広がります。

たとえば、私はフルートを吹くのですが、フルートは和音が吹けずメロディだけです。習っている先生は最初は『お上手ですね』とお世辞を言っておられましたが、だんだんと上手になってくると、『このメロディが変わっていくとき、下についている和音はどんなふうに変わっていますか』と言われました。同じソという音を吹いていても、ドミソという和音のソなのか、ソシレという和音のソなのかとか、いろいろとあります。必ず和音が変わっていく。「それを考えて吹いていますか」と問われたとき、初めは「そんなもの、考えていられませんよ」と言ってメロディだけ吹いて喜んでいたのですけれども、だんだんと先生がそういうことを教えてくださるのです。こうして、メロディを吹きながら「この和音はこう変わった」と、わかっていくわけです。

感心したことがあります。私には東京と大阪にフルートの先生がおられるのですが、大阪の先生のところで和音をいろいろと習って、勉強して、今度、東京へ行って、そのメロディを吹くと、東京の先生がものすごくびっくりして『えーっ、和音をわかっておられますね』と言われたのです。すごいものです。私はメロディをふいているだけなのに、聴く人が聴いたら、和音がわかって節を吹いているのか、和音をわからずに吹いているのかが、わかるのです。

その勉強をしながら、先ほどのイメージという点から考えると、ソはソでもドミソのソはどういうものかというのと同じことで、クライエントが来て『先生、死にます』と言ったとき、言葉は「死にます」だけれども、どんな和音が後ろについているのか。『もう嫌です』と言っても、和音はいっぱいのはずです。クライエントはメロディだけを語っているようなものです。クライアントは上のメロディーだけで「もう嫌です」「死にます」「あんな嫌なやつ、死んでしまえ」と。そこで私たちカウンセラーは、その下にどんな和音が付いているのかも込みでイメージが浮かんでくるようでないと、プロとはいえないのではないでしょうか。普通の人が普通の会話で相手に『しんどいから死ぬ』と言われて『う～ん』と聞いているのと、私たちが聴いているのとでは、違いがあるはずです。私たちは、和音まで込みで聴けるようにならないと、プロになれないのではないでしょうか。

私は音楽はまったくのアマチュアですが、その私はプロの人に習いながら「プロは怖いなあ」と思うわけです。それと同じように、私たちはプロのカウンセラーとして、アマチュアのカウンセラーから「怖いなあ」と思われるほど、わかっているでしょうか。そのとき「同じ言葉でも、背後の音まで聞いているのですよ」と言えるでしょうか。そのようなことを考えるにつけても、いろいろな芸術にふれるということは、もちろん人生におけるたくさんの豊富なイメージを提供してくれるということもあるのですけれども、私たちがカウンセラーとして自分を鍛えていく、あるいは成長させていくという点でも、意味を持っていると思います。

質疑応答

質問　「河合先生のこれまでで、療法家としていちばん劇的な変容はどんなものであったのか」、それから、「カウンセラーとしての資質としては、どういうものがふさわしいのか」、それについてお願い致します。

河合　みんな何となく、劇的に変わることが好きなのです。たしかにそういう人もいます。けれども、よく言うのですが、一八〇度変わるというのは怪しいです。もう一八〇度また変わりやすい。私のクライアントで長くカウンセリングをしていた人で、『先生のお陰で、ものすごく変わりました。三六〇度変わりました」という人がおられました（笑）。まあ、冗談ではありますが、これがいちばん劇的です。ちゃんと元に帰ったわけですから、素晴らしい人です。そんなこともありました。

カウンセラーがなにか言ったらパッと変わる人は、言わなくても変わる人です。こちらがなにも言わなくても、変わる力がある人です。幸い、そういう良い人が来たので、格好いいことが言えたというだけの話です。だいたいは、そんな劇的なことなく、長い時間にじわじわと変わっていきます。十年を超えることもありますから。それで変わりますけれども、そんな劇的にということはないですね。いつか知らないけれども夜が明けてくる、というようなものが多いのではないでしょうか。

それから、カウンセラーの資質についてよく訊かれますが、これは非常に難しい問題です。というのは、カウンセリングといってもいろいろなやり方がありますから。私は私のやり方で言っていますけれども、私とは違うやり方をされる方もおられますので、そういう方はそちらの資質のほうが向いていると言われるかもしれません。

だから私は、無責任のように聞こえるかもしれませんが、「やりたいと思ったら、やらなければ仕方がない」と申しております。やりたいと思って役に立たなかったら他のことをしなければ仕方ないし、なかなか資質ということは言いにくいのではないでしょうか。

ただ、どうしても自分が問題で「自分を救いたい、自分を何とかしたい」という考えと、「他人を救いたい」という気持ちは、非常に入り混じります。他人を救う資質があるとものすごく信じている人のなかには、「自分から始めてもらえませんか」と言いたくなるような人がいることは、事実です。しかしこれも一概に言えないのは、長年かかって自分を救って、その後、素晴らしい人になっておられる人もいますから。だからいろいろなのですが、こんなに難しいことはないです。ただ、自分の考え方でバンバンやっていこうという人は向かないかもしれません。自分の考え方でバンバンとやって、相手が変わるということは滅多にありませんから。物事とか授業は自分の考えで押し進められますけれども、人のこころはなかなかこちらの思い通りにはいかず、やはり相手の力をうまく使うところがありますから、そのことはいえるかもしれません。いろいろなセラピーがありますから、「これだ」とは簡単には言えません。ただ、修行が終わることはないのは事実です。ずっと研修を続けねばならないことは事実です。

＊＊＊＊＊＊　　＊＊＊＊＊＊　　＊＊＊＊＊＊

質問　四歳になる子どもがおります。教えたわけではないのですが、いま、テレビでの自殺をするシーンとか切腹をするシーンとか、死にまつわることに興味があって、『いまの、なに?』と聞いたり、血が出るシーンにすごく関心を持っています。そういうものは、どんなイメージを子どもに与えるのでしょうか?　それから離したいと思うのですが、それが自然ではないかとも思ったりしているのですが。

河合　子どもがその年齢なりに受け入れられないようなシーンは見せないほうがよいと、私は思います。そこはむしろ、気をつけて見せないほうがよいのではないでしょうか。子どもが『なに？　なに？』と聞いてきたときには、そんなのはやめて、むしろ親のほうが楽しいことを見つけてやるなり、面白い話をするなりなさってはいかがでしょうか。小さい頃から子どもがそんな恐ろしい場面を見ることは決して良くないと、私は思います。自分のものにするということは、よほど年齢がいってからのことですから。

だいたい、日本のテレビはそういうことに無神経すぎます。アメリカやヨーロッパはそのあたりにすごく心を使っていますね。子供達にそういうものを見せないとか。映画もそうですね。子どもに見せない映画という規定がとてもしっかりあります。たとえばアメリカの高校生ならば、日本へ来てホームステイをしたとき、テレビでキスのシーンが出てきたら目をつむる子がいるくらいです。アメリカ人の女の子ですよ。それを日本人は知らなすぎますね。やはり、イメージを昇華していくためには、その人の年齢と体験がいるわけですから、小さいときはなるべく、そういうものには触れないほうがよいと私は思います。触れても、親子関係がしっかりとしていれば、崩れませんけれども。

その点、日本の漫画も、世界の漫画に比してひどすぎます。これもよく言われます。日本の漫画には殺人やセックスが多すぎるのです。そのイメージが自分のものになって肥やしになるようなものならいいのですが、乱暴に入ってきたら、傷が付くだけですから。

＊＊＊＊＊　　＊＊＊＊＊　　＊＊＊＊＊

質問　いま大学で臨床心理を学んでいる者です。子どもたちの動機づけ・やる気の問題に興味を持っております。よく言われることですが、日本の子どもたちには、自分のなかにエンジンを持たないような、動き出すエネルギーのない子が多いという話をいろいろと聞いてきました。そういうものは、日本の独特の問題なのか、それとも世界との関わりのなかでどういうものが見えてきて、これからどうしていけばいいのかをお伺いしたいのですが。

河合　日本の子どもについて言われているのは、先にも挙げましたように、モノがあまりにも有りすぎることです。その点、発展途上国のほうが、皆「次にはあれをやろう」という気になっていますから、子どもたちも、ものすごく生き生きしております。日本では何もかもすぐに手に入ってしまうし、しかも皆に「大人になっても、あんなものか」という気がありますね。だから、日本の子どもたちにやる気がない子が多いことは事実だと思います。簡単に手に入るようなものとか、簡単に目に見えることではなく、子どもたちのこころを本当に大事にするやり方をしていると、子どもたちもけっこうやり始めます。子どものこころの底から出てくるような「場」と言うか「雰囲気」というか、そういうものを作ることが大事です。

それはカウンセリングの場合と非常に似ています。だから、そういうことを考えていかれたらどうでしょうか。学習意欲の向上とカウンセリングを結びつけて研究しようとしている方もおられます。ただ簡単にはいきませんので、その問題を大学で関心を持たれるようであれば、自分でもいろいろ研究されてはいかがでしょうか。

＊＊＊＊＊＊　　＊＊＊＊＊＊　　＊＊＊＊＊＊

質問　私は社会人で、いま大学で研究しております。河合先生の著書を何冊か読ませていただいて、そのなかで、不登校や帰国子女などに関連して「文化の病」と言われていたのですが、そこで「西洋の考え方ではなく、日本の考え方ではなく、また違う道を考えていったほうがよい」と書かれていました。その具体的な、日本がこれから歩んでいく道を出されているのかどうかをお聞きしたいのですが。

河合　それはなかなか見つかりにくいです。私はアメリカやヨーロッパへ行っても、日本人の古来からの考え方とキリスト教文明を背景にした考え方ではどう違うかという話をして、「両方違うけれども、両方大事だと思う」という話をします。

そうするとおっしゃったように、「そのふたつをどのように統合するのか」という質問が出てくるのですが、どうも簡単には統合できないみたいです。ただ、両方大事だから、どちらも矛盾したままで、両方を持っているのが大切なように私は思います。しかし、そういうことは長い間かかるのではないでしょうか。百年では駄目です。もっと長い間かかって、新しいものが出てくるかもしれません。

いま表向きには、欧米のキリスト教文明はものすごく強いです。すごく強くて、その考え方が全面に出ますけれども、それに対して、日本的な考え方も大事だと、私はいまだに思っています。そのふたつをひとつにしてこうなりました、というものはなかなかできないような気がします。私は「両方いいな」と思いながら、あれをやったりこれをやったりして生きているような感じを、自分ではしております。

******　　******　　******

質問　私は五十六歳で、タクシーの運転手をしております。今年、帝塚山大学の大学院を受けるつもりだったのですが、事情があって、二年か三年ほど勉強しております。

実は私は、商売をしていて、女房に逃げられて、金とか皆持って逃げられて、会社をつぶして、子どもを道連れにして自殺しようと思ったことがあるのです。

それから、ちょっと長くなって申し訳ありませんが、東京まで歩いていったことがあります。一ヵ月ほどかけて七百キロほど歩いたのですが、そのときに足が痛くなってどうしようもなく、断念かと思ったとき、肉体的なこととこころは違いますが、足が痛くて、自分は果たして他人の痛みというものをわかっていたのかどうかという疑問点から、他人を救うような職業になってみたい。そういうことから始まって、勉強しはじめているのですが、私はいま五十六歳ですが、いまから勉強してカウンセラーになって生活ができるのかどうか。できなくても、とにかくやるつもりなのですが、その点はいかがでしょうか。

河合　食えるかというと、それはなかなか難しいです。臨床心理を専攻する人はそのあたりを覚悟していてください。他の学部に入ってパッと就職して、常勤の仕事について、サラリーをもらっていくようにはなかなかいきません。というのは、臨床心理学はいまでこそとても一般的になりましたが、実はものすごく新しい分野です。私たちが始めた頃は、臨床心理学で飯が食えるようになるとは夢にも思っていませんでした。ただ、これが人の役に立つのでやりたいということと、自分がやりたいと思うことで、始めたわけです。

だからその頃、臨床心理の人を雇うという考え方は誰も持っていなかったのではないでしょうか。私が最初にやり始めた頃、ロールシャッハというテストを好きになり、そのテストをあちこちでやったのですが、たとえば病院へ行って患者さんにロールシャッハテストをしようと思ったら、こちらから菓子折を持って、偉い先生の名刺をもらって、臨床心理に関心を持っておられる精神科のお医者さんのところへ行って、「すみませんが、おたくの患者さんにロールシャッハテストをしてよろしいでしょうか」と頼んで、「まぁ、よかろう。少しぐらいだったら、やってもよろしい」と許可を得るという状態でした。お金をもらうどころではなかったです。

ところが面白いことに、そういうところでテストをしたあと、「あんなもので何がわかるのですか」と先生に言われたときに私が「この人はこうだと思います」と言うと、お医者さんがすごくびっくりされて、「そんなことがわかるのですか。それだったらやってください」と言って。それでまたやると、ハーっと感心されて、そのうち「お金を出しますから来てください」となったのです。「週に一回来てくださると、お金はいくら出します」というように、だんだんと変わってきたわけです。

そういうことの積み重ねのな中から、だんだんと臨床心理が世の中の役に立つとわかったことと、日本の社会が急激に進歩したことがあって、臨床心理の相談に来る人がものすごく増えたわけです。そのために、スクールカウンセラーというものが出てきました。ただし、スクールカウンセラーで常勤の人は、いません。皆、パートタイムです。パートタイムの料金は非常に高く評価されていますから、普通の仕事に行くよりははるかに良いですけれども、パートタイムであることには変わりはありません。

力があれば、スクールカウンセラーもできるし、病院でも働くこともできるし、いろいろなところで仕事が出てきますから、まず食うには困らないでしょうが、常勤で続けているうちに退職金をもらうとはなりにくい職業だということも、よく考えておいてください。だから、錯覚を起こしている人は、今日限り、臨床心理をやめるべきだと思います。無理してやることはありません。

しかし、将来の展望が開けないのかというと、決してそんなことはありません。ますます需要は高まっていくでしょう。おそらくスクールカウンセラーでも、全員は常勤にできないけれども、ある程度の人を常勤にしようとか、いまは中学校が多いですが、小学校も行かなければいけないとか、そういうことはどんどんと出てくると思いますが、いま臨床心理を勉強している人が卒業したら簡単に食えると思わないようにしてください。自分としては本当にやりたいし、幸いにして力があれば食えていけるけれども、そんな甘いものではないことはよく認識してほしいと思います。そういうことをよくよく考えたうえで、自分がするかしないのかを決心してください。臨床心理は新しく出てきた学問ですので、まだまだどんなふうになっていくのかわからないところがあります。

＊＊＊＊＊　　＊＊＊＊＊　　＊＊＊＊＊

質問　私は昨年病気をしまして、いろいろなことを考えて、自分自身の生き方としてカウンセリングを勉強していきたいと考えております。こういう機会にお話を聞けて参考になったのですが、勉強するにはどのような形で進めていけばいいのでしょうか。もしくは学校に行きたいと考えております。自分一人でこつこつ勉強するのはできないタイプなので、やはり向き合って先生に教えていただくのがベストではないかと思っているのですが、そうした方向を教えていただけたらと思います。

河合　自分で勉強することはほとんど不可能です。やはり、なんとか頑張って大学院に入ることが大事ではないでしょうか。大学院で先生にちゃんと訓練を受けることが手っとり早いです。他の方法もいろいろとあるでしょうが、どうしても回り道になるし、やりだすと非常に難しいものです。本当に命がかかるほど難しい仕事ですから、そうした局面では、ちゃんと訓練されているということがとても大事になります。その意味では大変だと思いますが、なんとか大学院に入ることを考えたらどうでしょうか。

＊＊＊＊＊　　＊＊＊＊＊　　＊＊＊＊＊

質問　私は芸術療法に興味があり、研究を進めているのですが、特に身体表現がこころに及ぼす影響を考えております。ところが、芸術論となってくると、心理的な効果などを研究するのが大事で、また療法として成り立つには理論の裏づけがなければならないと思うのです。私が調べている段階では、まだ、理念というか理論がしっかりとなされていないような気がするのですが……そのあたりをお尋ねしたいことがひとつ。

もうひとつは、芸術を文字として表すことは非常に難しい問題だと思うのです。身体で表したり絵で表したりすることは可能だと思いますが、それを理論づけると、そこでニュアンスが変わってくるのではないでしょうか。そうした研究を周りに説明していくとき、どういう方法があるのでしょうか。

河合　いま、いろいろな芸術療法があります。また、芸術というよりは表現活動と言われており、この講座の山中先生の話にそのことが出てくると思います。おっしゃっるようなことは、なかなか難しい問題です。でも実際にいま、音楽療法もありますし、絵画療法もあります。箱庭療法もありますし、ダンスセラピーをする人も出てきました。それを理論的に裏づけるのは、これからしなければならないことではないでしょうか。これまでに理論づけ・裏づけされてきちんとできていることを習うのではなく、せっかく関心を持ったのだから、研究しながら芸術療法をするのだというぐらいの気持ちで取り組まないといけないと思います。これは非常に大事な分野です。いま、ずいぶん盛んになりつつあるところです。

******　　******　　******

質問　家庭の主婦です。専門的な勉強はしておりませんが、良いお話を聴けてありがたく思っています。主人が些細なことでカッとなってわめき散らす人で、子どもも私も困っているのですが、とにかくわめくというか……。興奮している状態をしばらく止める方法があれば教えていただきたいことがひとつ。それから、子どもは小学生と中学生なのですが、かなり耐えられない状態で、私がそれを聞いて、言いたいだけ言わせるのですが、それをこのまま続けていければいいのでしょうが、子どもが感じることと私が感じることがあまりにも同じなので……それをどうすればいいのでしょうか。

河合　わめいている人を止めるのはとても難しいです。その人よりもよほど大きなわめき声をこちらが出さなければいけませんから。それをするときもありますけれども、こちらもよほど死ぬ思いでないとやれない。それよりも、わめくまえの、わめいていないときにどんな関係ができているのか。そのほうがずっと大事だと思ってください。わめきだしたら、その時はその時です。それよりも、わめかなくてもいいようにすることが大切です。機嫌がいいときに、子どもさんを含めてどんな話ができているだろうか。どんなふうにこころがつながっているだろうか。そういうことをやっていくことで、わめくことが少なくなると思います。それをしないで、わめくことだけをやめろと言っても、これは無理です。わめいているところをどうするのかと一生懸命なるよりも、わめいていないときにもっと夫婦と子どもで「どんな楽しいことができるのだろう」「どんな会話があるのだろう」と、そうしたことを増やすのを考えていかれると、たいてい、わめくことは少なくなるだろうと思います。

いまなぜ臨床心理士なのか

大塚 義孝

深層心理学さまざま

こころのとらえ方

失われた世界

臨床的なこころ

心理臨床の独自性

関わりあう二人称的関係

専門家としてある為に

まず初めに「臨床心理士」という言葉ですが、これに原語があるわけではありませんが、アメリカあたりではクリニカル・サイコロジストと呼んでいます。いまから四十年ほどまえ日本では、このクリニカル・サイコロジストを臨床心理学者と訳して、いろいろとやっていたのですが、どうも実力も伴わないし、世の中自体がそういう状況ではないものですから、多少関心のある方はいましたけれども、今日のように日本中をあげて臨床心理士で通るものではなかったわけであります。

それではなぜ、そういう臨床心理士が有名になったのでしょうか。

もちろん、世の中がそういうことをさせたし、そして私どもがそういうものの必要性を世に認識していただくために、いろいろな関わりをして、自らの実力を世に問うかたちで、今日の発展を見たわけです。そのことがシンボリックに表れているのが財団法人日本臨床心理士資格認定協会で、そのような組織を作って、一定の条件のある人は臨床心理士と認めて、世の中の皆さんのこころの健康に資する専門家として活用していただこうとしたわけです。狭い意味では平成七年からは、いわゆるスクールカウンセラーというかたちで親しんでいただいているわけです。

もちろん、そこに至るまでには、学問としての臨床心理学をどう立ち上げるのかの問題がありました。私自身の人生も考えても、大学を出て既に五十年以上になりますが、その五十年間は臨床心理のために生きてきた感じであります。いまだいたい九合目か十合目に来ているところです。いったん頂上になると、フラっとした状況が続くか、ガタっと落ちるか、そういうところであります。日本もバブルが崩れて十二年以上、もたもたしていますが、また多少は上向きにもなることもあるでしょう。そもそも地球上のあらゆる現象も、我々のこころの現象も、全体が山あり谷ありです。その間に我々は生《いのち》をいただいて、その期間をめいっぱい生きるということです。

深層心理学さまざま

この本で河合隼雄先生はユング心理学の立場から語っていらっしゃいます。

周知のとおり河合先生は、日本で最初にユング派の資格をとった方です。それまでわからなかったユングのものの考え方を日本にご紹介なさって、大変広く理解されるようになりました。そして「あの先生の考え方はユング心理学だ」と理解される方がたくさんおられます。けれども、河合先生が実際におっしゃるところはそうではありません。それは河合という人間が作り出した人の見方、カワイズムであり、河合臨床心理学と呼んだほうが正確かもしれません。

それと比較するのはたいへん僭越でありおこがましいのですが、私も、たとえばこうした公開講座などで受講者の方々と永遠に来ない時間をご一緒していると、いろいろと感じることがあります。その感じる原点は、私の場合はどこなのでしょうか。ちょうど河合先生がユング心理学の立場から語られているような、スタンスというものを考えると、私の場合、運命心理学的な立場での物事の見方を取り込みながら大塚臨床心理学を語ろうとしているのでしょう。

ユング心理学についても、見方によってはネガティブな批判をされる方もいますが、運命心理学にも同じような批判があります。そこではっきりさせておきたいのは、この運命心理学というのは「運命とは選択である」というところから始まっているということです。

一八九三年〔明治二十六年〕ハンガリー生まれのレオポルド・ソンディ〔Leopold Szondi〕というユダヤ系の精神分析家は、ユングやフロイトの少し後輩ですが、自らの臨床経験をふまえ、フロイト学説やユング学説をふまえ、これを「運命分析学〔Schicksalsanalyse〕」と呼称しました。この三者の無意識心理学を「深層心理学」とも言っています。フロイトは、生まれてからの幼児体験の屈折したものが無意識の世界であると考えました。またユングは、人類共通の深いところのものを皆が持っていると考えました。そしてソンディは、「その個人的な世界と全体的な世界の真ん中に、解決することのできない、我々の無意識の世界がある」と考え、その「幼児体験の屈折したものと人類に共通した屈折したものの真ん中にあるものは「家族的無意識〔familial unconscious〕」であると述べました。

それでは、運命と選択ということについて少し考えてみたいと思います。

私は大塚という名字です。ただし、私が選んで大塚の家に生まれてきたわけではありません。気がついたら大塚の家に生まれていたわけです。これはなにものにも代え難い、私にとっての運命的な強制です。小塚でも中塚でも山塚でもなんでもいいのに、なぜ大塚なのか？　これだけ考えても、夜、眠れなくなります。

私も七十年以上経ちましたから、「大塚ぐらい関係ない」と開き直っていますが、それでも、大塚製薬と聞くと無視できない状況があるわけです。東京へ行って大塚三丁目という地名をみると「俺と同じだ」と。それほどネーミング・アイデンティティというものができており、我々はコミットしているわけです。そういうこころの構造で心理臨床をやっている、というひとつのスタンスがあるわけです。ということで、運命心理学というものが背景としてあることを御理解いただいてから、これからの話を進めてゆきたいと思います。

私たちは一回だけ地球上に招待されているのです。なぜ、私たちはこの世に生まれてきたのでしょうか。それは、先ほどファミリアル・アンコンシャスを紹介しましたが、私たち一人一人の父と母が居たからです。ただ居るだけではだめで、一緒にならないといけないわけです。一緒になって、偶然か必然かはわかりませんが、私たちはこの世に生まれ出てきたわけです。

そして、二度と永遠に来ない時間がいま滔々と流れています。そして、この本を手にとっておられる方々と時をご一緒しているのです。考えてみると大変奇妙な我が人生であり、皆さんの人生です。

なぜこうなったのでしょうか。

私は「帝塚山学院大学に来てくれないか」と請われて、「行こうか、行くまいか」といろいろと迷ったあげく自身の決断で行くことにしました。私が自由に選択したのです。今度は「こうして大学院を開いたわけだから、カウンセリング講座を開こうではないか」ということで、「いいのではないか」と私はそれも選択したわけです。そして「誰にしよう？　一番バッターは河合先生だ。二番はお前。三番は私だ」と氏原先生がおっしゃるので、私は「それはいいではないか」と自ら選んだ結果、講座をうけもち、その後、この本で読者と出会っているわけです。

今度は講座に参加された方々の運命選択を考えてみましょう。その皆様は「最初は河合先生で、次は大塚さん、氏原さん……いくらするの？　五千円。一回千円か……安いんじゃないの」とかいろいろ考えて、「じゃ、わたしは出席するわ」と、ここの事務局の方に参加申し込みをされたわけです。皆様が「来る」という選択をなさったわけです。

私が「行く」という選択をして、講座参加者が「来る」という選択をして、読者の方々が「買う」という選択をして……選択があまねく邂逅《かいこう》して、ここに出会いという現象が発生したのです。

もしも、各人の選択によって皆が集まっているときに、直下型の地震が起こったらどうなるでしょう？　私たちがそこで一緒に死ぬのはなぜでしょう？　これは同じ運命だからです。そのとき端にいて助かる人もいるかもしれませんが、私は前の方にいる人と運命を共にしなければいけません。そのように思うと、運命というのはまさに選択です。私たちはその主体によって選んだわけです。

そして、その運命のなかで、選んだ現実そのものをめいっぱい営んでいこうとなると、人生というものに味が出てきます。そこには諦めもありますが、やろうという気持ちも起こってくるのではないでしょうか。

こころのとらえ方

なぜ私が臨床心理学を勉強（選択）してきたかということを語りだすと時間が足りませんので割愛しますが、いまから四十七、八年前くらいより日本の臨床心理学に関わるようになったと思います。世界的には、アメリカの心理学者（教育学者でもあった）が一八九六年に初めて臨床心理学〔clinical psychology〕の実践活動（クリニック）を開始しています。しかし臨床心理学というものが広く認識されたのは一九四五年以降のことです。第二次世界大戦終了にともなって戦争神経症になって引き上げてきた人々をバックアップするには、お医者さんだけでは対応できないという状況でした。そこでアメリカ政府が、臨床心理学の専門家が大いに必要だ、ということを言いだして、一九四八年にアメリカで初めて臨床心理士を育てる高度の大学院が生まれて、今日に至っているわけです。そういうものをモデルにして私どもは大学院指定制度を作ったわけですが、いずれにしても、こころの専門家を教育する教育体制は戦後の話です。そして臨床心理学そのものも、戦後の学問であるといえます。ということで、心理学のバリエーションとして臨床心理学があるというよりも、実践が先にあったことは注目に値します。

しかし日本では残念ながら、哲学から分離した心理学はどうも「科学的」ということに非常に飢えており、「実験心理学こそ心理学の原点だ」となったわけです。事実、いまから十五年ほど前の東京大学には心理学を専攻して卒業した先生が七十一人もいました。その方々を集められれば世界一の心理学の大学院ができるのではないかとも思いましたが、何度そうした先生方に語りかけても、一人一人は偉いのですが、ひとつの力になりきらないのです。そうこうするうちに、京都大学でやろうとなり、いまから二十年ほど前に、日本臨床心理学会を作り直して、一九八九年に臨床心理士の資格制度を作ったわけです。そういうことで西高東低的な状況が続きました（東京大学もようやく二〇〇四年から臨床心理学コースを作ることになり、東西ともども万々歳でやっていくことができるようになりました）。

いずれにしろ日本の近代心理学は、哲学のなかのバリエーションとして発展してきました。しかし、実験心理学的な、こころを対象化した（たとえば観察可能な行動のみを対象にした）研究を実効的な臨床心理学的有用性の面で期待できるかといえば、まず十全に望むことは不可能です。いわば「こころのない」心理学が跋扈することになります。そこで私たちは「こころを失念した」心理学からの脱却として、今日の「臨床心理学」を打ち立てました。それは、単純な応用心理学の一分野といった誤解を避けるためにも「心理臨床学」とさえ命名されています。

しかしだからといって、今日の生命科学や神経生理学が明らかにしてきた新しい知見や事実について無関心ではありません。臨床心理士養成に求められる指定大学院臨床心理学専攻の選択必修科目に神経生理学特論や精神薬理学特論が設定されているように、「こころと神経」「こころと生命」「こころと生きる」ということに重大な関心を求めています。

古今東西、ハートつまり「心臓」の鼓動が、私たち人間の感動や、怒りや不安などの心的現象と不可分にある生理的実態を具現する「こころ」そのものとして語られ、合点されてきました。また今日ではこころが、頭《あたま》、脳髄にぎっしり詰まった脳細胞（ニューロン）によって構成・形成されていることも、ほぼ不易の事実のように承知されています。しかしここから私の心理臨床学・臨床心理学が始まるのです。キーワードは「こころとニューロン」です。つまり、ニューロンがあってこころが発生するのも事実のようですが、こころがニューロンに信じられないような影響を与えて私たち一人一人の尊厳を担保させているのも事実なのです。

そして、ここで一気にこの原点的認識に至るために、私は改めて人間は「味の素」だと言いたいと思うのです。それはどういうことかというと、人間は炭素（C）酸素（O）と水素（H）という三つの元素から成り立っています。チンパンジーであろうが、ヒルであろうが、カメであろうが、ヘビであろうが、トリであろうが、ぜんぶ原点は炭素・酸素・水素という三つの元素の組み合わせから成っているのです。かたや味の素は炭素の亀の甲（ベンゼン核）の横にナトリウムやカリウムや硫黄などを伴って構成されており、だから人間も味の素だと言っているのです（そして私たちは調子が悪くなると、ベンゼン核のいろいろな薬を飲んでいるのです）。

だから、「ヒトはモノではない」とも言われますが、モノなのです。そのモノの加工からニューロンという細胞がどんどん出来てきたのです。昔は脳細胞は三億くらいと言われていましたが、それが四十五億に増えて、昭和の終わり頃には百四十億に、そしていまでは百兆でも足らないようです。そういうものが私たちの頭の中にいっぱい入っている。その組み合わせが単なる内的整合性に限らずに、外的な影響をあからさまに受けて（そのひと固有な力動性による独自な反応像を招来させて）自分自身を意識させたり潜在的意識を生じさせているようなのです。これが「こころ」をもった人間の誕生です。つまりこころは一人一人異なるからこそ「こころ」なのです。こころはニューロンから生まれますが、こころなるがゆえに、ニューロンにまた極めて個別的な「再生」「変性」「死別」という影響を与え、「ひと」そのものの存在を支配しているのです。

ところで、私たちを取り囲む環境社会は、文明の名において、サイエンスの名において、内なるニューロン（固有な個人）も外なるニューロン（他人）も同じ地平でとらえられる（量的におさえられる）世界となって、今日の大発展を遂げたようです。その行く果ては便利な世の中だと評価されているようでもあります。たしかに、いま私たちはこの共同の運命の部屋にいるわけですが、冷暖房が行き届いています。昔ならば後ろに氷を三つくらい置いていただいて、講演したものですが、いまはきちんと管理されています。これも「外なるニューロン」の成果として管理されているわけです。しかしながら、そのために失うものがいっぱいある、ということに気づかなければなりません。

失われた世界

その失われたものの例のひとつに、新幹線の話があります。

少し昔のダイヤですが、ＪＲ京都駅から八時十分の「のぞみ」に乗ると十時二十四分に粛々と東京駅十四番ホームに着きます。二時間十四分、ほぼ間違いありません。私はその八時十分に乗るように京都駅へ駆けつけます。でもそのときホームで知人に出会って『山田先生、こんなところで……どちらへお出掛けで？』などと挨拶しているうちに「のぞみ」が発車してしまったら、「ちょっと待って！」ということはほとんど不可能です。新幹線は大変便利なのですが、そういうところがなかなか厄介です。あるいは、何もなく東海道を東に向かっていると、静岡を過ぎた頃から見事な富士山が見えることがあります。「富士だな。……ちょっと汽車が停まってくれたら、ゆっくり眺められるのになぁ」と思うことがあります。しかしそこで『車掌さん、ちょっと停めてくれないかな』と言おうものなら『いや、ダイヤ通りの運行です。そんなことはできません』『なぜ？　停めてもいいじゃないか』と、そんなふうに騒ぎだそうものなら、新富士駅で緊急停車して、ピーポーピーポーと救急車が横づけされて私は精神病院に送られてしまいます。

たまには停まって富士山を眺められてもいいのでは？　と思うのは私だけではないのではないでしょうか。

十時二十四分きっちりに到着することは見事ですが、一人一人の欲求は、抑圧されるか、無視されます。そういう構造なのです。

今度はテレビを素材にして考えましょう。

テレビは聴覚的刺激と視覚的刺激のみによって構成されています。その限りにおいては非常に万全です。そして映画も、昔は白黒でしたがいまはカラーです。さらにこの頃はアナログからデジタルに変わってきました。こうなってくると、そこに非常にバーチャルな（虚構の）世界が招来するわけです。「絵のように」美しい世界が文字どおりになる世界です。

この頃の子どもは、ついこのあいだまで中学や高校ぐらいまでがその対象であると言われていましたが、スクールカウンセラーが求められるのは小学校だそうです。いまの小学生は生まれたときからカラーの世界にいるわけです。聴覚的な、非常に便利な世界にいます。ただそれはバーチャルな世界なのです。西鉄バス・ジャック事件で十七歳の少年が言ったそうです、『刺したら本当に血が出るかどうか、試してみた』と。百聞は一見に如かずということで。つまり、視覚そのものが非常にバーチャルな世界になっているということではないでしょうか。

少し時代がかった話ですが、織田信長は四十八歳で本能寺の変で無念の涙を飲んで、明智光秀にやられるわけですが、それを大河ドラマの『太閤記』で見ると、テレビのあらゆる能力、まさにサイエンスの世界を動因して、私たちの前で舞台の展開が起こるわけです。信長はいよいよ森欄丸を連れて「やむを得ん」と言って火炎のなかに消えていきます。ここで私が不思議に思うのは、火炎のなかにいる自分がなにも熱くないことです。煙たくもなりません。そしてゴー、バチバチ、という音がします。そのなかで信長は割腹するわけです。ズバッと紅いものが飛びます。見ている人はだいたい避けますが、それはナチュナルな血ではなく、アンナチュラルなトマト・ケチャップ液です。このように私たちは、アンナチュラルな世界をナチュラルだと錯覚しながら、虚構の世界に生きているのです。

このような次第で、生まれたときからそういう状況にいる子どもにとってはこれが真実なのです。しかしながら彼らも同じ人間であり生き物であるわけですから、どこかに不充足な世界が開かれていく。それならばこそ、臨床心理士が今求められているということではないでしょうか。

整理しますと、コミュニケーションロス、リレーションロス、リアリティロスという三つのキーワードが出てくると思います。

コミュニケーションロスというのは、携帯電話のバーチャルな「もしもし」のような話です。出会い系とかいろいろなことを言いますが、それらはコミュニケーションロスなのです。講演会なら皆様は私の姿をじかに確認しながらじかに聴いています。それはまさにリアルタイムです。前のほうの席の人は、だんだん興奮していく私の唾気を浴びながら聴いてくださるわけです。こんなリアルな世界はありません。しかし面白いことに、これをテープに録って、家へ帰って聞いてみると、漫談のような感じばかりで、まったく実情と異なっているのです。本当にじかに会うこととかいかに違うかが体験できることでしょう。

心理臨床がなぜ求められるのかというと、「生身の人間関係をいかに作るか」が鍵になっているからなのです。心理臨床の訓練には、実験ではなく、実習というものが大変求められています。それはどういうことかというと、コミュニケーションが大切だからなのです。コミュニケーションとは連絡のことです。そして連絡というのは生身の人間によって成り立つということが重要なのです。

そしてリレーションロスというのは、関係がうまくいかないこと。関係喪失です。もうひとつはリアリティロスです。さきほどの信長の切腹の話のように、いまは仮構の再現技術がものすごく発達していますが、私たちは実際のじかの関係のなかで、リアルな関係によって、本当になるわけです。それなのに構造的に仮構の世界で満足しているようになっているのが問題なのでしょう。

臨床的なこころ

そういうことで臨床心理が世に求められるようになったわけですが、どうも、こころというものは、対象としてつかみにくい。果たしてこころを対象化することはできるのでしょうか。「こころとニューロンの話で示唆したように、これは対象化できないわけです。対象化できないということは、感じることはできるけれども、目の前に視覚的にはっきりとつかむことはできないということです。

ただ面白いことに、沈黙は金であり、雄弁は銀であると昔からの諺があります。「好き好き」という言語はある意味では雄弁です。しかし本当に好きならば、あるいは出会いのなかでの一体化が生じると、相手に抱きつきます。そこで『あなたは身体が熱いな』などと喋ったら白けます。ただぎゅっと抱きついて、沈黙の世界のなかで人間が感じるもの、それがこころです。

話が逸れますが、『冬のソナタ』がなぜこの頃日本で流行っているのでしょう。とりわけ四十歳以上の方が感動されているそうです。若い子は「なんだあんなものは」と言うそうです。四十・五十・六十代の人は、たとえば『君の名は』のすれ違いを、「眞知子巻き」をしてラジオで聞くためお風呂屋が空になるというくらい耳を傾けて、みんな感動していたわけです。昔の人は『冬のソナタ』のなかに若き日のイメージを再生するわけです。そういう意味で、とにかく関係性の状況が時代性も背景としてあることを知っておかなければいけないのではないでしょうか。

臨床心理の専門家にとって、こころはどういうものなのか。これにはいろいろな理解の仕方があると思います。ただ、こころはトランプのハートでありません。あれはひとつのシンボルです。「こころは心臓である」と昔の人が体験的に言ったわけです。実際、こころが高ぶると心臓がドンドン鳴ります。愛する人が目の前で死んだら、ハーッとなりますよね。そんなときは、真っ白でも色がついていてもいいけれども、こころが沈みます。逆にこころが萌ゆる思いであるなら、色はレッドでしょう。これはどうやら生物学的に正しそうです。あるいは紫色には粛々とした意味があるようです。紫外線と赤外線ということで、色というものにはそれなりの意味があるわけです。それは昔から色彩心理学でやっています。そのように量的に調べていきますと、赤い色を着ているときは情熱を求めているということです。女の子が黄色いセーターを着ているときと「まだ昼が黄色い」というのは当たらずとも遠からずの状況です。

とにかくそういうことで、いろいろな位置づけをきちんとしていかなければいけません。そこで臨床心理のこころはどういうものかというと、一人一人がそのこころをどう意味づけるかに懸かっています。私たちの前に来ている方のなかには、たとえば「毎晩眠れません」とおっしゃる方もいます。こういう方はたいてい心身医療に行かれるので私たちのほうにまわってくることは少ないのですが、しかし精神科や神経科で何をしても寝られないという人は、臨床心理のほうにまわってくることがもちろんあるわけです。医学のほうではちゃんと睡眠脳波が出ていることを確認しています。その方の奥様に見ていただくと、たしかによく寝ている。大きないびきをかいている。でも本人は「寝ていない」とおっしゃるのです。ここが面白いところです。こころの問題なのです。

ここで少しスマートに整理すると、こころというのは、本人がどういうふうに意味づけているのか、どう感じているのか、ということです。先の方なら寝られない、寝ていない、と意味づけているわけであります。それを科学的に対象化し三人称的にとらえて「あなたは寝ています」と言うことはやはり良くないわけです。あるいは「学校へ行きたくない」という場合もあります。世の中では、学校とりわけ小学校で勉強しておかなければいけないと言うので、行かないといけない。お母さんの言うことは間違いない。学校の先生の言うことには間違いない。ところが子どもは学校へ行くということについて、どういうふうなこころの状態があるのかといえば、行きたくないということなのです。そこで私たちはその子どもをどうしたらいいのでしょう。「坊やが学校へ行きたくないと言うのは、どこか間違っているのではないか」ということでは、先生と変わらないわけです。学校臨床心理士としては、そういうときには「この子のこころは、学校へ行きたくないと意味づけているのだな」と理解したらいいわけです。

また、「死にたい」という場合もあります。自殺企図のクライアントにうまく対応できるようになったら一人前です。ある女性が「死にたい」と言って訪れたらどうすればよいでしょうか。この女性のこころは

「先生、もう死にたい」という意味づけをして、私たちの前に現れるわけです。そういうこころをもっているわけです。どうやら彼女はある男性と結婚しようとしていて、父親が反対しているようなのです。それで「死にたい」「私はもう首ったけ」と。そこで『なにが首ったけだ。そんな男は大したことない。お父さんの言うことに間違いはない。ちょっと待て』と言うと、『お父さんは、わたしのことを知らない』と言うわけです。彼女は学校の先生にも相談します。そうしたなかで『お父さんがおっしゃるのも、もっともではないか』などと言おうものなら、「先生も親父の仲間か」となってしまいます。だから、私たちにとって大事なのは、その子はそういうこころをどう意味づけているのかについて、最初のセンスを持ったらいいということです。『あなたは「彼と結婚したい」という気持ちになっているのですね』と言えばよいわけです。

その人なりのこころの意味づけということについて、もう少し考えてみたいと思います。

いまから四十年ほど前、日本にたいへん大きな影響を与えたカール・ロジャーズという人がいました。当時、アメリカにおけるカウンセリングは、医療的アプローチと教育的アプローチのあいだで確執があったので、なんとかしてこころの問題を立証しようとしていたようです。ロジャーズは、カウンセリングは沈黙であると言っていました。だからその頃は「まず十五分間は黙れ」「相手の価値観を尊重しないといけない」と言われたものです。そのロジャーズが、つかむことができないこころというものを何とかつかもうということで、Qテクニックという数学的手法を用いて、初めてカウンセリングを分析しました。ぜんぶテープに録って分析するのです。

しかし、サイエンスは繰り返すことができるのですが、そのときにテープに録っていたことと、カウンセリングが終わってテープを再生していることは、時間が過ぎているわけですから、状況が違うのです。それは心理臨床の考え方のひとつで、人生は一回きりなのです。二度と同じことはないというスタンスで考えると、こころは生き生きしてくるのです。ところがロジャーズは医学に対抗するために、再生して、とことん統計的・数量的にあわそうとしたわけです。

ところで、普通は「一たす一」は「二」が当たり前だと思われています。小学校に入ると「リンゴが一つですね。もう一つあるとどうなりますか?」と。私も小学校のときには「二つ」と言っていたものです。しかしこの歳になって「一+一=二」は本当だろうか? すこし不安になることがあります。たとえば力動的認識というものがあります。一+一は必ずしも二ではないということが、こころの領域ではあるのです。たとえば町内の文化部に会員が四人いて、一人やめられたら、四マイナス一は「三」です。そうして三人で文化部をしていました。ところが今度は変わってきました。よく喋る奥さんがいて、「それだったらわたしも入らせていただきます」とおっしゃって、三プラス一で「四」に戻りました。これは大変おめでたいことだったのですが、ところがどっこい、一週間すると、みんなが「あんな人なら、いない方がどれだけいいか」と言いだしました。こうなってくると、三プラス一は四どころか「マイナス一」かもしれません。

つまり、「一+一は必ずしも二とは限らない」という保留の精神でアプローチするのが、心理臨床なのなのです。八時十分ののぞみに乗ると十時二十四分に着くというのが確実なのかというと、そうではなく、そのあいだに何が起こるかわかりません。それは、一+一が必ずしも二ではないからです。ニューロンとこころの塊である人間の無限と言ってもいい可能性の判断で一人一人が分かれる人間社会では、一+一は必ずしも二ではない、ということが言えるわけです。

そこで臨床心理士が、そのようなスタンスの専門家として、世の中にコミットするわけです。そのコミットをどのようにしていただくかというと、「一＋一＝二」であることを十分に承知したうえで、「一＋一が必ずしも二とは限らない」ことを理解してもらうことからスタートします。そうした柔軟なこころを教育するのが、臨床心理士養成コースなのです〔平成十七年五月十六日現在、指定大学院は一三五校〕。一方では、社会には「一＋一＝二」の数学コンクールで優勝するような子がどんどん送り込まれないといけません。事実、私たちがこれだけ物理的に豊かな生活を暮らせるようになっているのは、「一＋一＝二」だからです。「ルート四は二」だからです。ところが、もう少し勉強すると虚数というものが出てきます。どうやら、数量的に結論を得ることが真実であることは本当ですが、必ずしもそれだけではなく、そこから漏れているものもあるようです。わからないことを排除するのがサイエンスなのですが、私たち臨床心理士には、「わからないことをぜんぶ取り込んで認識しよう」というスタンスで臨むことが必要とされています。

心理臨床の独自性

そうしたことで、臨床心理学の他の学問に対する独立性や他の専門家との協調性が問題になってきます。この頃はコラボレーションという言葉が流行っています。co-laboration の co は「共同」、laboration は

「労働」という意味です。つまり共同活動です。あと最近はリエゾン機能ということも言われます。リエゾンはフランス語で「まろやか」という意味です。料理に使う言葉だそうですが、まろやかな味を出そうとすると、味の素だけではいけません。椎茸や昆布や鶏肉のだしも必要です。あらゆるものが共同活動（コラボレート）して、まろやかに（リエゾン）なると、いい味が出てくるというわけです。実はここにも、「一＋一は二ではなく、いろいろな可能性がある」ということを学んでいただく意味があるのです。

では、臨床心理士の独自性はどこに一番あるのでしょうか。まず対象とする現象は、私たちの場合、悩んでいる人、あるいは自己をもっと発見したいとか、自己を問いたいという人です。そして、医者の場合、患者さんが目の前に来られると、胃がどのように悪いのかを診断するわけですが、私たち臨床心理士も最初は心理テストや面接を通じて見立てなければなりません。たとえばスヌーピーの絵を描くとしましょう。スヌーピーの頭の前に反射鏡をつけて首に聴診器をぶらさげると、お医者さんのイメージになります。それでは、日本の臨床心理士はどうなのか？　白衣を着せて、ロールシャッハテスト図版一式を持たせると、臨床心理士のスヌーピーができるそうです。

しかし、そんな時代は去りました。私たちはまず白衣を脱がなければいけません。また、ロールシャッハ図版だけでも駄目です。つまり、最初は心理診断が私たちの仕事でしたが、今日では診断〔diagnosis〕から、もっと新しい形として「査定〔assessment〕」が大切になってきているわけです。それが臨床心理の独自性の、非常に明らかなところのひとつだと思います。

心理臨床の根本は「ディアグノーシス（診断）からアセスメント（査定）へ」というのが私たちの新しい認識です。医療の世界には「見立て」という言葉もあり、それは「この人はどういう特徴なのかを見て立てよう」という意味で、アセスメントに近似した意味があるようです。一口で言うと、ディアグノーシスは診断する側の立場のバリエーションから対象を分類するということです。アセスメントは査定される側の立場からその特徴を明確化することです。

たとえば統合失調症〔schizophrenia〕という診断名は、精神のいろいろな状態を診断しようと診る人、つまり医師や臨床心理士やソーシャルワーカーの作った尺度（正常と異常についての）から決めているものです。しかし本当の心理臨床は、いま悩んでいる方々の立場から、その方の特徴を表現するとどのようになるのか、という査定のスタンスが基本だと思います。その意味では、これはまだまだ研究し勉強していかなければならない領域でしょう。

もう少しわかりやすく言うと、心理臨床の独自性は人間関係にあるということです。先ほど述べたように「関係の喪失〔relation-los〕」がひとつのキーワードになりますが、その関係性を人間関係で考えるなら、「あなたはわたし・わたしはあなた」という一心同体状態は、一人称的関係です。もうひとつは、三人称的関係。たとえば私が若い頃はだいたい五人家族でした。だから、人口十万といったら、どれだけの家があるのかがすぐにわかりました。およそ二万戸です。このように数量的アプローチが可能なのが、三人称的関係です。新幹線で十時二十四分に着くというのも三人称的考え方です。極端なのは「人的資源」という言い方で、これは人間を石炭やアルコールと一緒のように考える見方です。そうした三人称的関係と比べて、一人称的関係は、あなたと私という「生」の世界であります。

そして、ここでいう診断と査定に関係するのは、二人称的アプローチの問題だといえるでしょう。医学は病気を治す。人を診て治すのではなく、病気を診て治すことは、縮めて言うとこれも三人称的アプローチです。昔のお医者さんはそこまで技術が発達していなかったので非常に統合的な見方もあったわけですが、このことにだんだんと気づいて、今日では、木を見て森を見ないところがサイエンスの最も弱いところであることは、誰もが自覚しつつあります。たとえば、魚が獲れないからといって、海だけを見ていたらいけません。森を豊かにしてはじめて魚が豊かになるのですから。このように、昔の人には信じられないことが実際に証明されてきているのです。そして、物事は全体で見てこそ真実であるというのが二十一世紀のキーワードになるわけです。もちろん一方では自然科学的アプローチが見事であることも事実ですし、それを知らなければいけません。ただ、私たちの世界では、二人称的アプローチの問題が、診断と査定という形で出ていることが大切なのではないでしょうか。

もうひとつキーワードとして、医学パラダイムでみると「診断」と「治療」というテーマがありますそもそもサイコセラピーを「心理療法」と訳したのは精神科医で臨床心理学に理解をもっておられた井村恒郎先生で、一九五〇年頃にそう訳されているのですが、そのうちに私たちのほうも始めると、「これは医学がやることであり、精神療法と呼ぶ」となったのです。それで、病院で保険点数で請求するときには心理療法ではなく精神療法と書くようになりました。だから病院に勤めて心理臨床の仕事をするときには「精神療法」と書いて、一時間いくらと健康保険で請求するシステムが未だに生きているわけです。

したがって「心理診断」と「心理治療」もキーワードです。私たちの心理臨床において大切な「インタビュー〔inter-view〕」は面接と訳されています。ビューとは観ること。ただ単に見るのではなく、非常に深く観ることです。インターとは、深く関係を持つことです。だからインタビューとはそういう見方のことであり、相互関係を持つということです。このように「面接」という言葉は非常に深い意味を持っているのです。そこで、従来の医学パラダイムで「心理治療」と言っていたのを、「心理面接」と言うようになったわけです。

医学の場合、治療とは、悪くなったものを元に戻すことです。わかりやすく言えば、お腹が痛くなったら、痛くないように戻すわけです。手が一本折れたら、同じように整復するわけです。リハビリテーション、つまり元の位置に戻すことが治療なのです。ところが、こころの問題まで含めて考えると、治療とは、元に復するという営みではありません。その人の置かれた状況がどのようになっていて、その人にとって、自己実現のために最もふさわしい姿がどのあたりにあるのかを、本人と「面接」するクリニカル・サイコロジストが共に考えて、その人の自己実現の姿を求めていくということなのです。したがって、あるときには病いもまた創造であるといえるでしょう。最近では「創造の病い（creative illness）」という言葉も出てきました。

実は私も若い頃、五年間、病いの床にあって悲運を呪ったものです。毎日二十四時間、大気安静療法というので、私はベッドでずっと寝ていました。そして本ばかり読んでいました。『アンナ・カレーナ』『戦争と平和』『チボー家の人々』などなど、私の今日の教養はその五年間に読んだ本以上でも以下でもありません。そういう病床のプロセスでは、「人間とは」という問いが出てきたものです。

いまでも覚えていますが、当時内科学で第一級のお医者さんが月に一度、私を見舞いに来てくれました。『胸のこのあたりが痛いのですが……』と言うと、その先生はいみじくもおっしゃいました、『そこには神経はないのだけれども、やっぱり、そこを悪いと感じる人は痛く感じるのだね』と。

それから五十年経って私の家内が白内障になったのですが、すでに白内障の手術は入院したその日に退院できるほど技術が発達しましたが、大事をとって一週間入院し、ある眼科部長にお願いしました。そうして退院して、目を洗いに行ったとき、家内が『先生、ここが痛いのですが……』と言いました。しかし『そんなところは痛くないですよ』とその女医さんは言われました。「そんなものかな」と思いつつ、眼帯をして、帰り際に『先生、やっぱり痛いです』と言いました。そうするとその女医さんは、きっぱりと『痛くない!』と言われたそうです。

この妻の話を聞くにつけ、医学パラダイムの異次元を痛感したものですが、改めて、五十年あまり前の私の胸の痛みに応えた内科の先生のことを想い出します。一ヵ月に一度、私のことを見舞ってくれたのは、いま考えるとあの先生はフロイト的役割をなさっていたのではないかと想います。実際、私の病いは、若き日の自らの創造的病いであったようにも思われます。

関わりあう二人称的関係

近接領域と心理臨床・心理面接の差異はそういうところにあります。キーワードは「二人称的関係」です。一人称は I, my, me の世界、三人称は it の世界ですが、二人称的は you の世界です。別の表現でいうと、友人関係です。

よく考えると、今日ほど「友人」のない世代はありません。私は京都女子大学に長くいましたが、一九六四年に、私学では日本で最初の学生相談室を作りました。それ以降、学生相談にずっとコミットしてきたわけですが、その頃の女子学生の多くは「お友だちがいない」ことを悩んでいました。ところが最近の相談室では、そういう悩みがあるようで、ありません。友だちを必然的に必要としていないのではないでしょうか。携帯電話一本のつながりで十分のようです。

また、そこから逆にもっと深い「虚構の世界の不安」が出てきているようにも思われます。それをイメージとして表現してみましょう。一人称の世界では、愛する／愛さない、親／子などの関係が非常にストレートに出るので、二人の関係がとてもうまくいく場合と地獄が生じる場合があります。一方、三人称の世界は、ゲンキンな世の中です。非常に冷たい。このような一人称あるいは三人称の世界に偏りがちで、二人称の世界が拡散し、明確化されず、陥没しているのが只今の状況ではないでしょうか。しかしだからこそ、心理臨床家は「二人称の世界」の人間でなければいけない、というのが私たちの認識であり、主張なのです。

それは、面接室での座り方ひとつとってもわかります。三人称的なのはとい面の座り方です。一人称的なのは隣あう並列の座り方です。しかしながら心理臨床の場は、三人称の水くさい関係では成り立ちません。逆に一人称的に「わたしはあなた／あなたはわたし」となってもいけません。だから、カウンセリングで二人称的かかわりを旨とするためには、まず座り方としては、やはりL字型がよいでしょう。スピード違反で警官に聴取されているかのようなとい面でもなく、喫茶店でのカップルのような隣りあわせでもなく、冷静であると同時に突き放すわけでもない、親しみを込めた二人称的なはすかいか、L字型が妥当なのです。

心理臨床家というのは、人に関わり、人に影響を与える専門家です。人が人に関係を持つわけです。そして影響を与えるということは、別な言い方をすると、人に変化を与えることです。だから、変化が与えられなければ専門家ではありません。「死にたい」と言っているのを死なないように持っていく、「学校に行きたくない」と言う子を行かすわけですから、変化です。ただし、「行け」と言って行かせるわけではありません。「行かなくてもいいよ」と言って行かせるわけですから、素人から見るとまさに忍術のようなものです。もとよりこのように単純な話でないことはいうまでもありません。要するにそれは、臨床心理士の血みどろな「同一地平的なかかわり」を通じての変化への営みなのです。

そう考えると学校の先生に似てもいます。実際に私たちの仲間は五千人、学校のスクールカウンセラーとして働いているわけですが、彼らと学校の先生の共通点も相違点もあります。学校の先生の関わりは、なにも児童・生徒を賢くするような勉強の面だけでの関わりだけではありませんが、どちらかというと指導的な専門家であるわけです。しかし、臨床心理士のクライアントとの関わりは、こちらの価値観に基づくのではなく、相手の価値観を尊重してクライアントの自己実現のために変化の影響を与えようとするのです。

学校教育の場合の人間的関わりには、地域社会・国民・世界市民としての目標があります。だから、正直でなければいけない。基礎的な勉強をしなければいけない。人に手助けをしてあげなければいけない。勇気を持ってやらなければいけない。嘘をついてはいけない。あらゆる、人間的なもの、市民社会のモラルを持った者でなければいけない。それに比べて、臨床家としてのアイデンティティを持つために自覚していただきたいのは、心理臨床家は相手の価値観を尊重して、どう変えるのか、ということです。

私たちの場合の人との関わりは、対象となる人の自己実現、生きるということに変化の影響を与えることなのです。学校の先生は、「学校に行きたくない」と言う子を学校に行かせるようにしなければいけません。私たちは、義務教育の場合はもちろん学校に行けるよう援助するわけですが、それをストレートに言うわけではありません。そこが非常に微妙な違いです。たとえば、いみじくもスクールカウンセラーが流行った理由、保護者の御理解を受けた理由は、学校の先生が関わるとどうしても成績に関係するけれども、スクールカウンセラーは成績に関係ないから、秘密を言えるのです。そういうことで、「人が人に関わり、人に影響を与える」というキーワードにおいて、学校の先生と心理臨床家は違うわけです。

ところで、この講座に参加された方々のなかには、お坊様や、宗教カウンセリングに関心を持っておられる方もいらっしゃいます。事実、宗教カウンセリングという言葉もあります。宗教もまた、人が人に関わり、人に影響を与えるわけですが、その影響は何でしょうか。それは、仏の道、神の道へ誘うことです。たとえばヨーロッパにおける宗教カウンセリングは、神への誘いです。宗教家がカウンセリングをするのは、たしかに変化を促すわけですが、その促しは「真・善・美」の世界への誘いだと思います。それに比べて心理臨床家の促しは「クライアントその人の価値観の自己実現」への誘いなのです。

学校の先生のように市民社会の一員へと変化させるのではなく、宗教者のように真・善・美へと変化させるのでもない、クライエント当人の自己実現へと変化させる営みなのです。

先ほどの医学モデルとの比較もとりあげておきましょう。医師のカウンセリングは無手勝流ではありますが、案外と身体がこころに影響を与えています。五十年前の私の主治医が「胸には神経が通っていないけれども、本人にとっては痛いのかもしれないな」と考えたように、基本的には医師はバイオケミカルなボディを診ており、その見方はフィジカルなものです。繰り返しになりますが、医学における人との関わりは、元に復するという変化においてであり、どこまでいっても三人称的であるといえるのではないでしょうか。

医師の行う処置〔treatment〕・治療〔therapy〕、臨床心理士の行う面接〔interview〕・危機介入〔intervention〕、社会福祉士の行う援助〔helping〕・介護〔care, holding〕という、バイオ〔bio〕―サイコ〔psycho〕―ソシオ〔socio〕の三局面から、それぞれの専門行為の独自性や境界性の特徴が明確化できると思います。つまり、処置は医師、面接は臨床心理士、介護は社会福祉士というように、それぞれ固有な専門行為として把握できるのですが、私たちの携わる「治療」領域は、医療と心理の境界域であり、「介入」は心理と福祉の境界域である、ともいえるのではないでしょうか。

こうして見てくると、臨床心理学の「境界学」的な性質がどのあたりにあるか、わかって頂けるかと思います。実際、二十一世紀のあらゆる学問は境界学であるとも言えます。従来の化学だけでは終わらない。化学は物理化学です。化学と生物学と物理学が一緒になったものがこの頃のサイエンスです。この全体がわからないようではいけないわけです。このように、新しい学問は常にそういう性質を持っているのを知ることが大切でしょう。

面接は、心理臨床家にとって最も中心的な関わりです。それが医学における面接と同じであったら、話になりません。そして、危機介入という関わりもあります。「死にたい」と言われたときカウンセラーはどうするでしょう。『死にたかったら死になさい』と言ってクライアントの方が『いままで皆が止めたけれども、先生だけは「死んでもいい」とおっしゃった。だからやっぱり死ぬのはやめます』と仰ることもあるのです。

ただし、「今度、わたしもそういうケースがあったら、そう言おう」などと思って成功するとはいえません。一人一人違うのですから。こうした話でも、参考にこそなれ絶対そうなるとは限らない、と考えるのが心理臨床家の真の姿であるといえましょう。私たちはクリニカル・サイコロジストとして、いろいろな面を想定しなければいけません。たとえば「先生やお父さんには言わない」と約束してスクールカウンセラーとして面接していても、お母さんに告げなければいけない場合もあるし、学校の先生に告げなければいけない場合もあります。その子が「仲間を殺す」と言った場合、二人の秘密ではありますが、まさに危機介入です。学校の先生などに言わなければいけない。それはソシアルなアプローチです。面接は心理臨床ですが、介入になると社会的なものが入ってくるのです。

心理臨床はある意味ではターミナルケアです。これは二十一世紀の大変重要なテーマです。その意味で、これは「総合的な関係」なのです。いま臨床心理は、まさにその真ん中に位置しているのではないでしょうか。

専門家としてある為に

次に、こうした専門家の教育制度や免許制度について考えたいと思います。とくに医師と臨床心理士について述べることにします。

医師の第一号は一八八六年（明治十九年）に新潟県で誕生したといわれています。新潟県令が医師という免許を発行したわけです。もちろん新潟県令は医師ではありません今日の知事のことです。大阪で緒方洪庵の塾へ行って、実際の臨床を勉強した人が、新潟県の衛生法に基づいて、そういうものができました。それ以来、同じものが県単位で出来ました。厚生省ができたのが一九四一年（昭和十六年）です。それまでは内務省がやっていて、各県でやっていました。県単位の資格でもあったわけです。昭和十六年から国家統一的になり、非常に整備されていくわけですが、帝国大学医学部を出た人、私大医学部を出た人、医専を出た人では任官が違いました。医専を出た人は軍医少尉ですが、帝国大学医学部を出た人が軍医中尉です。終戦で中尉で帰ってきたか、少尉で帰ってきたのかで、どの学校出身なのかがわかりました。また、衛生兵も戦後の混乱の時に医師免許を取る人も多かったのです。だから、昭和四十年ぐらいまでは、病院における医師免許は幾種類もありました。今はやっと一種類になりました。このように現実に対応する形で、医師制度は今日の大発展を遂げたわけであります。

また、昭和二十三年までのほぼ六十年間は、医学部を出たら自動的に医師免許を渡すという制度になっていましたが、それが問題となり、国家試験をして、医学部を出ても試験を受けさせて、免許を出すということになりました。今日では、三月に卒業すると四月に試験を実施して、五月に合格が発表されて免許が与えられています。

ただし、医療の領域における今日の専門性は、ただライセンスがあるだけでは措置できないほど、大変な発達を遂げております。専門性を市民に対して担保するのは非常に難しいことです。同様に、臨床心理士も、特に医療関係者の理解と協力も得ながら、この制度を世の中に発展させていって、専門性を保持しなければなりません。

忘れもしません。昔このように言われたことがあります、『河合先生や大塚先生がおやりになるのは良いのですが、しかし、心理学にはどこに専門の教育体制があるのですか？　我々は医学部というものを作ってきちんとやっています。ですから、臨床心理学部を作ってやってください』と。ごもっともです。そこで資格制度として日本心理臨床学会など十六種の関係学術研究団体〔学会〕の賛同を得て日本臨床心理士資格認定協会を作りました。そしてその二年後の一九八九年〔平成元年〕八月一日に文部省認可の財団法人になり、将来の臨床心理士を専門に教育する高等教育機関はどうあるべきかを検討して参りました。かくて一九九五年以降、臨床心理士を特別に教育する大学院を作ろうということで、一九九八年から指定大学院の発足をみることになりました。

臨床心理士ができてから十五年経ちます。何人に免許が与えられたかというと、一万一千五百三十三人です。亡くなられた方や更新のときに不都合があった方や更新をされなかった方が五百五十三人。更新とは、五年毎の免許切り替え制度のことです。切り替えのときには、生涯学習的な成果を十五ポイント計算するようになっています。たとえばカウンセリング講座に出席するなどして十五ポイント以上をとった人が、五年後の免許切り替えのときにそれを揃えて申請して頂くことになっています。現在、一番古い人は今年で満十五年目ですから、三回目にあたっています。そのようなポイント制度にして、免許の実効性とユーザーにとっての信頼性を担保させたのです。

現在、一万九百八十人の方々が臨床心理士として活躍しています。全国的に見ると東京が二千二百十五人と多いのですが、やはり興味深いのは、指定校が東京に集まっていることで、二十八校です。埼玉や千葉や神奈川には十二校ありますから、首都圏には四十校あることになります。関西圏では、京都八校、大阪六校、兵庫八校で合計二十二校です。そのなかに今回、帝塚山学院大学大学院が参入することになりました。

強調したいことはもうひとつ、専門職大学院についてです。学校教育法が一部改正され、ロースクールのようなものが生まれました。臨床心理士のほうでも、九州大学大学院が二〇〇四年度に申請されました。そして臨床心理修士（専門職）とする専門職学位課程（二年修士課程）は二〇〇五年四月一日より「九州大学大学院実践臨床心理学専攻」として発足することになりました〔学校教育法第六五条第二項適用〕。二〇〇五年度には、現指定大学院のなかから数校、あらたに申請作業が進められることになっています。

そこを出た人を臨床心理士の資格を与えるかどうか。これは技術的な問題であり、あとでフォローしながらするところであります。これからはいわゆる一種校が専門職大学院のモデルとして、臨床心理士の養成の核になると思います。現在このようにその制度の先取りをしており、あえてこういう法律はできていませんでした。指定大学院制度そのものが先取りしておりますので、なんら問題はないわけですが、それをより充実させることから、指定大学院のなかでも一種校をまずモデルにしながら、専門職大学院にしていく。将来的には学校教育法第六五条第二項に基づいて、臨床心理士は専門職大学院で高度専門職業人教育として、大学院の前期課程を修了することを前提に作業が進められています。

ちなみに、かつては看護婦に准看と正看があり、日本医師会は非常に安く看護婦をつくりました。しかしそれでは看護の専門性はうまくいかない。そして五十年の歴史を経てやっと看護婦は看護師になり、専門職大学院はありませんが、高等教育として博士コースもできました。私たちはそうした看護師の制度とも異なります。臨床心理学の専門性をより具体化するかたちとして、専門職大学院の姿として具現化すると思います。過渡期として、いろいろな問題を解決していく必要があります。

幸いなことに、私たちは認定協会をつくって十五年、まさに少年期から青年期の時代を迎えようとしています。そして指定大学院という問題も、専門職大学院の制度と同じく、私たちがキャスティングボードを持って進めていくことができる状態にあることは、皆様方先生方のご努力の結果であり、そうした世界が開かれていることは大変欣快です。

さて、大学が認可した通りにやっているのかどうか。これは自己点検です。このごろは自己責任ということで、申請すると文部科学省の方も割合と気安く認可されるようです。しかし、そこで学ぶ方のいい迷惑にならないようにしなければなりません。卒業したけれども母校がなくなるようでは大変です。株式会社の大学ができていますが、これはあんまりだということで、これを補正する動きもあります。たとえば臨床心理の指定大学院は、免許の五年ごとの切り替えと同じく、二年ごとに実地視察を行っています。実地調査することで、いかに問題があるかが明らかになります。専門職大学院になると大勢の方が受験されますが、そのなかで専門性を担保するわけです。心理臨床の専門家は一種校としても最低五人の専門スタッフ（臨床心理士有資格の教授ら）ですが、専門職大学院は八人から十二人を基本モデルとして、文部科学省のほうで基準を設けています。とにかく、そういう実地調査をすることも重要な作業です。

ところで受ける立場からいいますと、これからはどういう立場にポイントを置けばよいのでしょうか。指定校の一覧表も載った本〔『臨床心理士養成指定大学院ガイド 二〇〇五年』日本評論社〕がありますので、それも参考にしていただけたら幸いです。

まず、臨床心理士の資格を持った先生が何人いるのか。一種校は専任で四人、一人を非常勤。一人の先生は一年やっても〇・五人としか計算しないようにしております。能力のある方が二人来て一年続けて指導して頂いても一人の計算になります。前期だけだと〇・二五にしか計算されません。したがって、先生が七、八人いなければいけません。

その次に、臨床心理基礎実習をどのようにやっているのか。それが非常に重要なところです。いまは、一種校を望まれることが大事だと思います。現在、八十校が一種校です。三十六校が二種校です。二種校は専任の教育が三人でもかまわない。二種校は専門職大学院の観点からも、いずれ一種校か専門職大学院に収斂されていく方向にあるのではないでしょうか。

最後に、そもそも大学院は学を極めるところであるという認識があり、昔はその専攻生は二人か三人でした。いま臨床心理学は、修士課程で五人から七人くらいのところもありますが、二十人、三十人（一・二年総計）というのが一般趨勢です。なかには六十人もいる大学院もあります。教育をするための枠組みをはっきりと作らなくてはいけません。そこで八十六人の臨床心理士の大学院の方のお力添えを得て、十三巻の本を全集として出版することになりました（私は第一巻を書かせて頂き、河合隼雄先生からは全巻に序文を戴きました）。指定大学院で勉強してもらうモデルはこういうものである、ということを示した次第です。

それでは、皆様方とは今後ともご縁がありましたらよろしくお願い申し上げたいと思います。「二人称の関わり」のために、皆様方のご発展をお願い申し上げたいと思います。

質疑応答

質問　妻が二年前から、放送大学の大学院修士課程で学んでいます。児童心理学や面接特論をとっているのですが、一種校に指定されていないため、そのままでは受験資格がなかなか得られません。以前、前年度の試験問題をここでいただいたのですが、それを見て、帝塚山学院大学の大学院にもし通うとすると、この年齢なので、仕事をしながらとなります。そこで放送大学をやっていたのですが、指定校云々という受験資格、ときどきスクーリングという言葉も聞くのですが、臨床心理士に近い線の仕事をしていますので、聴講などで単位認定を取れるような制度が、今後、臨床心理学会として考えていただけないか。その点についてお聞きしたいと思います。

大塚　放送大学も二種校として指定されています。「臨床心理プログラム」という通常の大学院の専攻に該当するコースがあります。受験生が四千人から五千人ぐらいいたと伺っています。レポートで一次試験を行い、面接と専門試験が実施されます。また、たとえば私が一部関係している仏教大学の大学院でも、スタッフが同じであり、通信教育というかたちで、三年教育の指定大学院があります。

いずれのコースでも、臨床教育をどう担保するかが大変重要です。試験にしても、外国語なしで面接だけでは困ります。こころの問題、二人称的センスの問題をいかに高等教育で教えるかというと、二年でも不足気味です。まず四年間、臨床心理学科でしっかり勉強して頂いて、二年間の専門教育では足りないので三年ぐらいにしようかという話もあります。

今の御質問の趣旨からいうと、放送大学をお受けになるとよろしいのではないかと思います。

ただし実習教育が大変厳しいです。これを担保するために、認可するためには三十八人による現場の専任講師・実習講師が関わっていることを前提に、二種校として認められたわけです。実際、専門の先生は四人ほどおられますが、大変な御努力です。臨床心理士の資格をとっているのにもう一度勉強しようとして入学された方もおられるようです。二〇〇四年度の三月に初めて一回生の修了をみるわけですが、それがどういうことになるのか、大変関心もたれるところです。

また、いまのご質問の趣旨ならば、日本福祉大学が働いている方のために夜間部を設けています。実習といっても、相談する人は昼間に来ますが、それを補うためにも、スタッフがとても揃っています。今回の二回目の監査でAランクの評価が出された東洋英和女学院には、午後二時からの授業があります。これも早くから発足した大学院です。最初、私たちは、大学院というものは余裕のある人が昼間に勉強するものだと思っていて、そういう制度は作っていなかったのですが、そのことが監査でわかりました。午後一時に行っても、学校がしーんとしているのです。なぜかというと、ここは実は夜間である、と。現在、横浜国立大学も昼夜やっています。岡山大学の教育学研究科も夜間です。探していただくと、そういうところも一種校・二種校としてきちんとありますので、対応して頂けると思います。現在、それをきちんとやっているのは東洋英和女学院であり、昼間の大学院にも勝るとも劣らないような実習をしています。木曜日と土曜日はフル回転で、昼間もやっております。ここには入学試験で二百人ぐらい受験しています。仏教大学の場合も百五十人ぐらい応募があり、二人か三人が受かるわけです。臨床実習が付加されておりますので、普通の二年では修了することができません。そういうことで特例の措置がなされています。

高度専門職業人として、社会に対して専門性を担保するためには、相応のトレーニングをしなければいけない。それだけの社会的使命があるわけです。現在の制度はそれに応えていく構造であり、いま申し上げたような線で良いところを選んで頂くと、おのずと御希望に沿えるところが見つかるのではないかと思います。

こころの裏と表

――ホンネとタテマエのはざま

氏原　寛

臨床心理行為とカウンセリングマインド
「仲が良い」ということ
親の役割・教師の役割
先生とカウンセラー
比較のこと
思春期の課題

臨床心理行為とカウンセリングマインド

まず最初に、臨床心理行為とカウンセリングマインドについて考えたいと思います。「臨床心理行為」とは耳慣れない言葉でしょうから少し説明しておくと、それは、臨床心理士（あるいはカウンセラー）にしかできない、しかしクライエントには不可欠のサービス、ということです。いまでも我が国では「カウンセリングマインド」という言葉が流行っているので、臨床心理士にしかできない独自のサービスが非常に曖昧になっています。「臨床心理行為」という言葉は、医行為に対して出てきたもので、その背景には次のようなことがあります。

いま、臨床心理士の国家資格の問題がある程度煮詰まってきていますが、まだ楽観できるところまでは来ていません。なぜかというと、この国家資格については厚生労働省とそれとの結びつきが非常に近い日本医師会から相当、抵抗のようなものがあるからです。それが最近、医療心理士の国家資格の問題として浮上してきました。日本医師会の予算は何十億であり、日本臨床心理士会の年間予算はその何十分の一もありません。正面からぶつかったのでは勝負にならない。医師会にはお抱えの代議士も何人かいますが、私たちのほうには誰もいません。政治的な駆け引きがいろいろとあるのですが、それを正面から突破することはまずできないわけです。

そこで論点になっているのが、カウンセリングは「医行為」であるかどうか、ということです。カウンセリングは私たち、つまり心理臨床家がする仕事です。たとえば心理治療・心理アセスメント・地域サービス、その他諸々なのですが、それが医行為であるのかどうかが、心理士と医師側とのあいだの非常に大きな論点になっているのです。というのは、もしカウンセリングが「医行為」となると、医行為は法律的には医者以外の人間がやってはいけないので、私たちがカウンセリングをすることはできません。もちろん開業などもってのほかです。ただし、医療補助職というものがあります。たとえば看護師の仕事は医療補助職です。これは医師の指示のもとで行われます。この「指示」というのは法律用語で、極めて厳格な指導監督を意味しています。日常語に置き換えると「医師の厳格な指導監督のもとにおいてのみ、医師以外のものが医行為を行うことができる」ということです。もし、カウンセリングが医行為となれば、医師以外がやってはいけない。私たちは医師以外の者ですので、その仕事は医師の指導監督がなければできないことになります。だから専らカウンセリングを行おうとしている私たちは、独立の専門家として認められないことになるのです。そこで私たちは「医行為」に対して、カウンセリングや心理アセスメントも含めた「臨床心理行為」という概念をつくって、心理臨床家でないとできない、しかしクライエントには不可欠のサービス、ということを掲げて戦っているわけです。

ということは、カウンセラーの仕事は、カウンセラーでなければできないものでなければなりません。カウンセラー以外の人が「カウンセリングマインドさえあれば……」というようなことを言いますが、それはできるはずがありません。カウンセリングというのは、カウンセラーという専門家の行為なのです（臨床心理士の国家資格がいずれできるとして、その名前はまだわからないのですが）。その場合、心理士でなければできない仕事を心理士以外の人にも納得できる言葉で説明できなければいけません。

いま一般的には「あらゆる人間関係において、カウンセリングマインドが生きているかどうかによって、良き人間関係か悪しき人間関係かが決まる」などと言われています。それは、「親子関係であろうと、職場の同僚関係であろうと、教師生徒関係であろうと、もちろん医師患者関係であろうと、そこにどれだけカウンセリングマインドが生きているかどうかが決め手である」という考え方なのですが、これはもってのほかです。たとえば一人の子どもが、心理的に少しばかり躓いて調子が悪くなったとします。これにタッチするには、医者がいて、カウンセラーがいて、学校の先生がいて、最大の存在として親がいます。この場合に「誰のカウンセリングマインドが一番よく効いたか」などと問うのはナンセンスです。医者には医者でないと出来ないサービスがあります。親には親でないと出来ないことがあり、私たちには私たちでないと出来ない仕事があります。しかし現在「私たちでないと出来ない仕事」を私たち以外の人に納得できる言葉で説明できるカウンセラーが何人いるでしょうか。はなはだ心許ない限りです。カウンセリングマインドなどという訳の分からない一般論では、「誰のカウンセリングマインドが一番よいのか」といったナンセンスな議論に陥るだけです。私たちはカウンセリングの専門家です。専門家というのは専門家であるからこそ出来る、また専門家以外には出来ない仕事をするわけです。専門家であるからこその独自の仕事をするのですが、それを専門家以外の人にもわかってもらえるように説明しなければいけません。

国家資格の問題に戻れば、「医師会に近い厚生労働省」対「臨床心理士会に近い文部科学省」という構図が若干あります。それを踏まえて医師会と心理士会とのあいだに、いろいろな議論の場があります。臨床心理士会の代表がそのような場で「あなた方でないとできないサービスとはどういうものなのか?」と問われたことがあり、それには明快に答えていません（それに対して医師会からは回答してもらえていませんが）。要するに「臨床心理行為」とは私たちでないと出来ない独自のサービスであることを、私たち自身がもっと明確に言葉のレベルで把握する必要があります。私たち以外の人、お医者さんや親御さん、学校の先生に「こういうことである」と明確に説明できないといけない。それが出来てはじめて、協力が可能になります。協力とは、お互い仕事の違う人たちが集まってそれぞれが違った場所で働きあい、それが合わさってはじめて可能となります。みんな同じカウンセリングマインドなどと言っていては、協力もなにもありません。

私は昔から機会のあるたびに「カウンセリングマインドというような馬鹿なことを言ってはいけない」と言ってきたのですが、なかなか納得してもらえていません（このごろ少し納得してもらえてきたかと思っていますが）。最近、ある場所で話をしたところ、「スクールカウンセラーが行政の責任者から、学校の先生に対してカウンセリングマインドを開発しなければならない、あるいは植え付けなければならない、といわれている」ということを聞かされて、愕然としました。そういうときこそ、専門家であるカウンセラーは、行政の人に対して「カウンセリングというのは、親にも出来ない、学校の先生にも出来ない、私たちにしか出来ない、しかしこころの傷ついた子どもたちには不可欠のサービスである」こと、またそうしてこそ「学校の先生や親御さん、あるいはお医者さんなどとどんな形で協力できるかを工夫することができる」こと、を説明しなければなりません。行政の責任者に「カウンセリングマインドを先生方に植え付けろ」と言われて、ハイハイと這いつくばっているようでは駄目なのです。

カウンセリングマインドについて次に問題になるのは、母親がいなくなることです。ずいぶん前にある所でカウンセリングの話をしたのですが、あるお母さんが大変感激されて『これからわたしはカウンセラーのように子どもに接します』とおっしゃいました。私の説明が足らなかったのでしょう。私はびっくりして、

「あなたがお子さんにまるでカウンセラーのように接することができれば、子どもさんはいわばお抱えのカウンセラーが常時いるのだからそれは大きいプラスでしょう。しかしそうなると、お母さんがいなくなります。私の感じでは、お母さんがいなくなるマイナスのほうが、お抱えのカウンセラーが常時いるプラスよりも、はるかに大きいのです。カウンセリングのことは考えないで、いかに良き母親であろうとするかがお母さんの一番考えるべき大事なことである。カウンセラーの真似事をしても仕方がない」という話をしました。

それから、これは私自身の経験ですが、今から三十年くらい前、私がカウンセリングの勉強を始めた頃、息子は小学校の四年か五年くらいでした。始めたばかりの頃はロジャーズ一辺倒ですから、まるでカウンセラーのごとく子どもに接しなければいけないと思って頑張りました。あるとき子どもが『お父さん、風呂に入ろう』と言うので、『あぁ、風呂に入りたいような気持ちなんだね』と答えました。それで『うん、行こう』となり、風呂に入りました。次に『石鹸を取って』と言われて『石鹸を取って欲しい気持ちかね』と返したところ、息子はちょっと変な顔をしていました。それから『背中を流そうか』と言われて『背中を流したい気持ちなんだね』と答えたところ、『お父さん、どうしたの』と言われてしまいました。それで、もうこんなわざとらしいカウンセリングの真似事は親子の間ではやめようと思いました。

私が息子に対して、人間として最大限どのようなサービスを提供できるかというと、それは父親としての関わりであってカウンセラーとしてのサービスではありません。「親であろうと先生であろうと、そこにどれだけカウンセリングマインドが生きているかどうかが肝心だ」という考え方は根本的におかしいと思います。

「仲が良い」ということ

このことをもう少し一般論的に話すと、どうなるでしょうか。

以前いた大学で、学生から『先生は○○先生と仲が良いそうですが、どの程度、仲が良いのですか？』と聞かれたことがあります。その人は男の先生ですが、そのとき私は一瞬、答えるのをためらいました。なぜかというと、この学生がどの意味での仲の良さを尋ねているかがわからなかったからです。つまり仲の良さには、同僚としての仲の良さもあるし、友人としての仲の良さもある。同僚というのはやはり公のものですが友人はプライベートなものであり、そのどちらなのかと思ったのです。

仲が良いとは、「その人と一緒にいるとくつろげる」とか、「その人と一緒ならば喋りたいときに喋って黙りたいときに黙っていても構わない」とか、「気をつわなくていい」「気持ちが安らぐ」「温まる」とか、要するに少しでも一緒にいたいような気楽な関わりです。だから私たちには「仲のよさ」がどんなことかすぐにわかるのですが、具体的に誰と仲が良いのかとなると、それは常に役割を通しての仲の良さなのです。このふたつを混同すると大変なことになります。たとえば「あそこの親子はまるで夫婦のように仲が良い」などと聞くと何だかおかしくはないでしょうか。「仲が良い」ということでは一緒ですが、夫婦の仲の良さは夫婦ならではの仲の良さです。親子の場合は、親であり子であるがゆえの仲の良さなので、夫婦の仲の良さとは丸きり違うからです。

先ほどのカウンセリングマインドにしても、そういうことが話題になっているときに私たちが考えているのはロジャーズです。ロジャーズの説くカウンセリングには「共感的理解・受容・純粋さ」という三原則がありますこれは人間関係を考えるには良い理念だと思います。河合隼雄先生がロジャーズの三原則について、こんなことをおっしゃっていました。「ロジャーズの三原則はその通りである。しかしあれは、たとえばヒットを打つための三条件として、ストライクを打つ、バットの芯に当てる、野手のいないところに打つ、と言っているのと一緒なんだ」と。ストライクを打ちたいのだけれども、シンカーとかカットボールとかで落ちたり横に流れたりする。ストライクを打ちたいけれども、おかしなボールがいろいろと来るからストライクを打てない。それで困っているわけです。バットの真芯に当てることも同じです。当てるつもりで振ったら空振りということがしょっちゅうある。野手のいないところに打ったら良いのはもちろんですが、昔は左打者の強打者がいるとシフトを変えて一、二塁間に野手が集まって三遊間はがら空き。そこを狙えばいいのですが、そこにはなかなか打てないのです。河合先生がおっしゃったのは要するに、ストライクを打ち、バットの真芯に当て、野手のいないところに打つことはその通りだけれども、もっと細かいステップでどうすればそうできるのかと工夫するのが大事なのだ、ということです。ロジャーズの三原則はその通りだけれども、あまりにもその通りだから直接的・具体的にはほとんど役に立たない、ということでしょう。

だから、カウンセリングマインドというのは、おそらくは「人間関係における望ましいありよう」ぐらいには言い換えることができますが、「仲の良さ」で述べたように、私たちは役割関係を通してしか他者と関係を持つことができないということを考えなければなりません。カウンセラーもクライエントと仲良くなったらいいのです。大いに仲良くなればいい。ただしそれはあくまでも、カウンセラーとしての私とクライエントであるあなたとの仲の良さです。親子の仲の良さとは違いますし、友だち同士の仲の良さとも違います。役割というのは大体、社会によってこうと決められています。これはある意味で非常に不自然なものです。その不自然な形式が役割です。そういう役割を通してどれだけ自然な気持ちを生かすかが大切なのです。そこを間違えて「役割は不自然であり、人間は自然でなければいけない」と考えたりすると大変なことになります。私はいま七十五歳ですが、それでも電車に乗っていると、ときどき魅力的に感じる女性に出会うことがあります。その度に飛びついていたら大変なことになります。そこはグッとこらえているわけです。社会的役割というものを踏まえて、自然な衝動（よくいえば自発性）をコントロールする。そのうえで役割を通していかに自分を生かすか、が大切です。

たとえばフロイトもユングも「人格形成のひとつの手段・プロセスとして、近親姦願望をいかに克服するかが重要だ」と言っています。彼らが言っていることが正しいかどうかはわかりません。しかしそれがもし正しいとすれば、どのような親子関係、母親と息子、父親と娘にも近親姦願望はあることになります。それがプラスに出るかマイナスに出るか、それをいかに克服するのか、あるいは生かしてゆくのかが大切なのでしょう。その意味で私たちは、自分のなかの自然な衝動を生かさなければ生気を失います。何らかのかたちでそういう内的衝動は生かさなければならない。ところが役割意識に基づくコントロールを失ってしまうと、これは方向性を失った無茶苦茶な、まさに反社会的な存在になりかねません。衝動そのものが悪いわけではなく、そういうものを社会的役割を通していかに現実化するのか、が問題なのです。

マルティン・ブーバーという哲学者の言葉に「我と汝」というのがあります。我と汝の出会いはすごく大切で、カウンセラーもしばしば「出会い」という言葉を使います。しかし、カウンセラーである我がクライエントである汝と出会う出会い方は、父親である我が息子である汝と出会う出会い方とは違います。あるいは学校の教師である我がクラスの生徒である汝と出会う出会い方は、親としての私が子としてのお前と出会う出会い方とはまるっきり違います。これが一緒だったら大変です。「出会い」というレベルで考えれば共通点があるものの、そこを混同したら大変なことになります。だから、裸の人間関係などありえません。私たちは常に役割を通じてしか出会えません。「母でもなければ娘でもなく、同じ女として」というのは偽物です。私たちは親子として生まれた以上、好むと好まざるとに関わらず、親は子どもに対して親としてしか関われません。子どものほうも一緒です。同様に、私たちはカウンセラーという非常に縛られた、ある意味では水くさい関わり方をしなければいけません。たとえば、カウンセリングはいまの日本では原則的に週一回です。その一回も通常は五十分しか会いません。専門家として仕事をするということは、カウンセリングを通じてお金を戴いて、そのお金で生活するということです。プロというのは、自分の技術ないしは知識をお金に代えて生活している人です。だから、「クライエントさえ良くなって頂ければ何も要りません」というような呑気なことは言っておられません。クライエントからお金を戴いて、そのお金で私たちは食べていく。だから水くさいのです。しかも週一回で五十分。五十分経ったら、「もっといたい」と言われても帰ってもらうのです。「お望みならば一時間でも、二時間でも」ということは私たちにはできません。そういう水くささを引き受けてなおかつクライエントに温かくあるのが、難しいところなのです。

サールズというアメリカの精神科医で精神分析家でもある人が、こう言っています、「精神科医になっている人（なりたがっている人）は、自分がなぜこの仕事を選んだ（選ぶ）のかを考えなければいけない。精神科医には共通したひとつの性格、パターンがある。それは幼少期に十分なケアを受けなかったことである。

だから自分より苦しんでいる人をケアすることで幼少期の傷を癒そうとしている。それが精神科医全般の共通点である。そのことに十分に注意しなければならない」と。このように彼の教科書には書いてあります。ここでの精神科医という言葉をカウンセラーと置き換えていいかもしれません。また、ラッカーというアルゼンチンの精神分析家が書いた『転移と逆転移』という大変良い本のなかには、患者の言いなりになり、料金はまけるわ会う時間は相手のいいなりにするわでヘトヘトになり、精神的に破綻した精神分析家の例が載っています。

このようにカウンセラーの役割は非常に水くさい。時間を決め場所を決め、お金までいただいて会っているわけです。そういう水くささを踏まえたうえで、なおかつ「自分は温かい気持ちを持っている」とクライエントに言えるかどうか。そういうことを考えなければいけません。これは、おのれのカウンセリングマインドが大きいのかどうかなどという馬鹿なことを言っているようでは、全く話にならないレベルの問題です。

親の役割・教師の役割——絶対評価と相対評価

「役割」という観点から、次に絶対評価と相対評価という問題を考えてみましょう。いまの日本では（とくに教育に関して）絶対評価が強調されすぎているのではないでしょうか。ちなみに日本の教育は、ひところ絶対評価でした。それがまずいということで相対評価のほうに変わってきました。まぁ、いいかと思っていると、二、三年前に文部科学省は再び絶対評価の方に戻しました。馬鹿なことをしたな、という話をこれからします。絶対評価とは「人はどうあろうとも、自分は自分」という原理です。自分なりにどれだけやっているのかで評価します。相対評価とは、たとえば五十人中四十八番とか三番とか、人と比較して順位づけるものです。これはどちらが良いというものではありません。両方とも大事であることを、これから考えてゆきたいと思います。

最初に絶対評価のほうですが、親の役割と先生の役割を比べてみましょう。まず親の役割ですが、お子さんのいらっしゃる方は、「うちの子さえ良かったら、よその子なんかどうなってもよい」と時々（あるいはしょっちゅう）考えられておられるのではないでしょうか。これはまったくの家族エゴイズムであり、そんなふうに育てられた子どもはどうなるのか、と思いたくもなりますが、私は、これは子どもの健全な成長にとって不可欠な親の態度だと思います。

親が「よその子はどうなってもよい。うちの子さえ良ければ」と思うのは、我が子はかけがえがないからです。かけがえのない存在として扱われることはとても大切です。ロジャーズがある本に書いていますが、己のかけがえのなさは「かけがえのない存在」として扱われてはじめて身につく。つまり、自分がかけがえのない人間だという認識は、親も含めた自分以外の他人によって、かけがえのない存在として扱われてはじめて可能なのです。

では、自分を「かけがえのない存在」と感じるとはどういうことでしょうか。それは、「自分には自分でないと実現できないユニークな意味が備わっている」という実感です。背の高い人は、背が高いという自分の現実を踏まえてしか実現できない、己の意味を担っています。色の黒い人は色の黒い存在として、私たちのように色が黄色く胴長で足の短い存在はそういう存在としてしか実現できないユニークな意味を、それぞれ担っているのです。最近テレビでマイケル・ジャクソンがときどき映りますが、私は初めて彼の顔を見て驚きました。思うにあれは、己の黒人としてのアイデンティティを消すためにあんなことになってしまったのではないでしょうか。私には、まるで人間以下の存在のようなグロテスクな印象しか感じられませんでした。

自分の中には嫌なところがたくさんあります。そういう自分を受け止める。そして、そういう自分でないと実現することができないユニークな意味を実現する。少なくとも、自分には自分でないと実現できないユニークな意味があるのだという実感。これが百パーセント身につくことはありません。私たちはどうしても他人と比較して、少しでも良いところがあると思い上がります。情けないけれども仕方がない。また、他人より少しでも劣るところがあると、いっぺんに惨めになります。これも情けないけれども現実です。けれども、惨めになって立ち直れないほど打ちのめされたとき、「それでもわたしはわたしだ」と思って、やけくそで頑張らなければいけません。そのとき、おのれのかけがえのなさがどれだけ身についているかがものをいうのです。なかなか大変なことですが。

ところで、親が子を特別扱いするのは我が子がかけがえがないからだ、と言いましたが、この頃はそうでもない親御さんがかなり出てきているようで、それはまたそれで考えなければいけません。東京に大日向雅美という大学の先生がいて、母性神話や三歳児神話はデタラメだとしょっちゅう言われています。一見、親（とくに母親）が我が子をかけがえないと思うことを批判しているようですが、実はそうではありません。そういうこともわかったうえで、親として考えるべきことを説いておられるのです。大日向さんの本はなかなか良いですから、このテーマについて考える場合、とくに若い女性は読まれたら良いと思います。

さて、自分のかけがえのなさの感じを別な言い方をすると、「基本的安定感」とか「基本的安心感」ということになるでしょう。だから、親から特別扱いされていない子は、ある意味で悲惨です。親の有り難いところは、我が子のかけがえなさをよその子と比較して言っているのではない、というところです。たとえば「向かいの子と比べたら、おまえは頭が悪い。左隣の子と比べたら器量が悪い。右隣の子と比べたら根性が悪い。そんな悪いことずくめのおまえ一人が、わたしにとっては他の三人あわせたよりもずっと存在が重い」ということです。我が子が歌がうまいから、招来歌手になって稼いでくれそうだから、東大に行って官僚になって偉い人になってくれそうだから、とかではないのです。「おまえは十人中の八番、ひょっとしたら十番かもしれない。けれども、そのおまえがあとの九人全部よりも、私にとっては重い。なぜなら、おまえは私にとってかけがえがないからだ」と、こういう比較を超えたレベルで、おまえがおまえであるからかけがえがない、ということです。親バカという言葉があるように、親は馬鹿ですから、我が子によその子よりも少しでも良いところがあったらうれしいです。うれしいけれども、そういうレベルを超えたところで、「おまえがおまえである」ということだけで、かけがえがないのです。かけがえのなさとはそういうことです。

勉強ができるからかけがえがないのだったら、もっと勉強のできる奴が出てきたらそちらのほうにかけかえられてしまうでしょう。たとえば親に「日本の将来を考えたら、おまえよりも向かいの子のほうがはるかに有望だと思う。今後、私たちは向かいの子に肩入れするからさよう心得ろ」などと言われたら、子どもはどうなることでしょうか。絶望するしかありません。「あいつは喧嘩も強いし、勉強もできるし、聞くところによると家ではお手伝いまでしている。どう考えても、自分より上だ」となると、その子は絶望するしかありません。

しかし実際はそうではありません。我が子をかけがえがないと思う親は、「おまえは十人中十番である。それだけ進歩向上の余地がある。期待してるよ」と、やけくそでも思えるわけです。そういう、他人との比較を超えたレベルでのかけがえのなさ。それを多かれ少なかれ実感していることが、「基本的安定感」「基本的安心感」がそなわっているということです。そして、これが絶対評価です。絶対評価とは「比較を超えたレベルで、おまえがおまえであるというそれだけの理由で、おまえはかけがえがない」ということなのです。ところが、この感覚が今時は薄いようです。我が子をかけがえがないと思っていらっしゃらないような親御さんが増えているように思えてなりません。

ところで先生の役割はどうでしょうか。こちらは、親のような特別扱いをしてはいけないのです。先生の子どもたちに対する基本的姿勢は、公平であること、平等であることでしょう。「君たちがみな一人一人かけがえのない存在であることを、私はわかっている。しかし、四十人の君たちと一人の私がこれからやっていくことになれば、私は皆を同じ人間として、平等に、公平に扱う」と言わなければなりません。親の「特別」扱いに比べると、言葉は悪いですが「その他大勢」扱いです。

もちろん、クラスのなかの誰か一人がいろいろな意味でピンチに陥っているとします。そういう場合は先生のエネルギーはその子に集中的に注がれるかもしれません。しかしこれは、他の子どもから見た場合「もし自分があの子と同じようなピンチな状態になったら、先生は、いまあの子に注いでいるのと同じ関心を自分にも注いでくれるはずだ」と思えるわけです。それはえこひいきではありません。えこひいきをすると、された子のプラスにならないだけでなく、されなかった子も傷つきます。先生が、良い服を着て上品そうな顔をして、お中元やお歳暮を親がたくさんくれそうな子に目をかけて、「おまえさえよければ他の子はどうなってもよい」などということになったら大変です。

つまり先生は、「君たちは一人一人みんな独自の存在だけれども、私がこのクラスを預かって君たちと一緒にやっていくとなれば、君たちをみんな同じ人間として扱う」という姿勢なのです。これによって子どもは「わたしはユニークな存在だ」という自分の独自性と同時に、人間としては皆一緒だという感覚を身につけます。「わたしは独自な存在だから、皆と違う。けれど、人間としてはクラスの子どもたちと同じだ」、つまり、「みんな違うけれどもみな同じ」というある意味での逆説です。この「同じだけれども違う」という正反対の原則を、自分というひとりの人間のこころのなかに納めることが大切なのではないでしょうか。

この頃よく「クラスの生徒数は少ないほうがいい。できれば一対一、親子関係みたいなのが理想だ」などと言う人がいますが、あれは大間違いです。「親みたいな先生」はある意味で最低です。「先生みたいな親」では子どもはたまりません。要するに、親は親として子どもと触れあったとき、自分の最大限のサービスを子どもに提供できる。先生は先生としての役割を通してはじめて、子どもに対する最良の存在になり、最大のサービスを提供できる。親真似の教師、教師を真似る親は、どちらも一見良さそうに見えますが、実はそうではありません。自分の役割を通じていかにサービスをするか、ということをもっと考えなければいけません。同じ理由から、私たちはカウンセラーとしての役割を通して、クライエントに最大のサービスを提供しなければいけないのです。

　これは河合先生からうかがった話です。スイスでユング派の資格をおとりになる三年ほどの間に、子どもさんがまず向こうの幼稚園へ通われたのですが、あるとき父兄参観があり、先生が行かれると教室に身体の大きな生徒がいるのです。後で教師に聞くと『あれは小学校からの落第だ』と事もなげに答えられたそうです。河合先生はびっくりして『幼稚園に落第があるのですか』と聞いたところ、今度は向こうのほうがびっくりして『日本では落第がないのですか』と聞き返された、というのです。その先生が言うには、子どもには早熟型と大器晩成型とがあり、生まれ年が同じだという理由で、一つの教室で同じ教科書で同じ先生が教えるなど、そんな不親切なことをすればスイスの親は黙っていない、と。河合先生がびっくりしていると『日本はどうなのか』と聞かれたので、「日本では、一緒に入った子はみんな一緒に卒業する」と答えたら、今度は向こうがびっくりされたそうです。

　これは少し考えてみる必要があると思います。つまり、河合先生はそのことを本にも書かれていますが、スイスの考え方が日本よりも優れているという意味では決してありません。一長一短です。どちらにも良い面もあれば、悪い面もあります。ついでながら、フランスもそのようです。フランスでは小学校六年が義務教育だそうですが、留年なしに卒業する人は半分いるかどうか、ということです。留年で目くじら立てるのは日本ぐらいかもしれません。つまり、「早熟な人もいるしおくてもいる。発達段階に応じてはじめて公平で親切な子どもに対するサービスが提供される」という考え方があるわけです。他方では「一緒に入った人は一緒に出ましょう」という考え方もあります。どちらが良いかではなく、私たちのように日本にずっと暮らして生活していると、一緒にいくのが当たり前であり、幼稚園で落第なんて可哀想と思ってしまうけれども、これはやはりローカルなのです。確かに私たちのあいだでは通用している一面の真実だけれども、スイスやフランス、ヨーロッパではどうも通用しないらしい。そういうことを考えておく必要があるかもしれません。

もうひとつ、この頃の一年生には「基本的安心感」が十分に備わっていない子どもがいるように思われます。基本的安心感がある程度がっちり備わっている子どもなら、「その他大勢扱い」という少しばかり厳しい状況で鍛えられるのですが、そこのところががっちり備わっていない子どもには、厳しすぎることがあります。だから、小学校一年で先生を独占したがる子どもがいるのです。『お母ちゃん』と言って。本当のお母ちゃんとのあいだで出来あがっているはずの「特別扱い」を求めるのですが、一人の先生が四十人の生徒を特別扱いできるはずがありません。無理なのです。これを、どちらが悪いかと言いだすと切りがありません。親が悪いのか、学校が悪いのか。これも少し考えて頂けたらと思います。

先生とカウンセラー

ここまでは、親と先生の役割がどう違うのかを考えてきましたが、次に、先生とカウンセラーの違いについてもとりあげておきたいと思います。両者の役割に重なっているところはたくさんありますから、違っている部分を強調しましょう。

先生が子どもに対してできる最大のサービスはやはり学業です。昔、斎藤喜博というものすごい小学校の校長先生がいらっしゃいました。彼の全集を読んだところ、私の好きな言葉がたくさんありました。たとえば「教師は授業で勝負する」。これは大事だと思います。最近の教師は授業そっちのけで、会議また会議でつぶされているのではないでしょうか。それでは駄目で、先生は授業にすべてを込めなければいけません。

加えて、教師にとって本当に大事だと私が思う仕事は、子どもに「集団を通して自分を生かす手だて」を身につけさせることです。学校生活とは集団で生活することです。集団での生活をスムーズに行かせるためには規則が不可欠です。規則なしに集団生活を営めるはずがありません。だから規則を守らなければいけない。しかし規則を守らせることは、結局「不自由を押しつける」ことです。したがって子どもたちは自由ではない。その不自由さを引き受けて、その不自由さを通していかに自分の可能性を生かすのか。それを子どもの身につけさせなければいけません。窮屈なルールを押しつけて、子どもに不自由な状態を押しつけて、その可能性を生かすなどということはできるのでしょうか。それができるのです。ゲームを見ればすぐにわかるでしょう。ルールのないゲームはありません。室内ゲームであろうと屋外スポーツであろうと、すべてルールがあります。ルールに従わなければいけません。たとえば先日のアジアカップのサッカーでも、審判がレッドカードを出して、日本チームは一人退場して十人で試合をしなければいけませんでした。これは不満です。明らかに不利ですから。それでも日本チームはそこで頑張って、逆に点を入れました。

結局、ルールという非常に不自由な枠があり、その不自由な枠の中で自分の可能性を最大限に生かすのが、ゲームの醍醐味なわけです。松井にしてもイチローにしても、その成績は、いかにしてストライクのボールをバットの芯に当てて野手のいないところに打つかに懸かっています。三振してから「もう一球投げてくれたら必ず打つ」と言っても駄目なのです。満塁でもチェンジになったらおしまいで、次の回はランナーなしで始めなければいけません。こちらはヒット十五本で残塁十六で得点三点、相手はヒット五本で得点四点で、試合に負けることもあるわけです。ものすごく不満が溜まります。しかし、そういう不自由なルールの中でいかに自分の可能性を開いていくのかが肝心なのです。松坂にしても、非常に窮屈なルールに縛られながら、その中でいかに自分の可能性を生かすかを工夫して、ものすごいスライダーやフォークを投げられるようになったのです。それはそれなりのすごい努力をしたからであり、だからこそ、あれだけの能力が身についたのでしょう。

だから「なんでも子どもに自由にさせよう」などというのは、「不自由なルールを通して自分を生かす」ことを子どもの身につけさせることを、大人たちがさぼっていることになります。なぜ大人たちがそれを避けるかというと、不自由なルールに引っかかって欲求不満に陥った子どもたちが大人に対して白い目を剥くからです。目を剥かれてもビクともしないだけの、ルール管理者としての権威をいまの大人は失っています。サッカーでも、レッドカードを出されてものすごく怒る選手がいますが、退場しないと仕方ありません。審判にはそれだけの権限がありますから。ただ、それに比べて先生にはそれだけの権限がありません。それだけの権限がないのに、権限がある審判と同じぐらいの権威を、親や新聞が先生に要求してくるので先生はヘトヘトです。要するに、不自由なルールを通していかに自分を生かすかということを、いまの子どもは身につけていません。また一方で、不自由イコール圧迫・圧力、人権侵害ということが言われすぎています。

それでは、カウンセラーの役割はそれとどう違うのでしょう。簡単にいうと、まず対象が個人であること（先生の場合は集団です）。集団セラピーというものもあるので一概にはいえないのですが、原則的には一対一で、個人に対して働きかける仕事です。では、そこでカウンセラーは何をするのか？　これもごく単純にいうと「コンプレックス」を扱うのです。

ここでコンプレックスとは何かを考えておきましょう。

ある時、友人の精神科医とお酒を飲んでいたところ、彼が『自分は阪神ファンというわけではないけれども、巨人が嫌いでしょうがない。どうしてだろう？』と言うので、私は『それはなめくじコンプレックスだ』と返しました。なめくじコンプレックスとは、ドクダミの葉っぱの下からなめくじが、陽のあたるところでもてはやされている生き物をうらやましそうに見ること、そういうコンプレックスのことです。そう言うと彼はとても感心して『わかった』と。しかし『でも、コンプレックスというのは意識したら解消するのではないのか。なのに、おまえの話を聞いて「なめくじコンプレックス」ということはなるほどわかったけれども、巨人嫌いは一向になくならない』と絡んできました。

コンプレックスとは、自分のものとして受け入れがたい、自分の属性です。できれば無いことにしたい。それで無意識のほうに押し込んでしまった。コンプレックスが意識化されるというのは、たとえばこの友人の医者がまず自分の「なめくじコンプレックス」に気づくことです。ですが、それからが勝負なのです。コンプレックスとは、それに気づくのが嫌だから無意識に押し込んでいたものであるのに、それに気づいてしまったわけですから、受け入れがたい自分の性質を自分のものとして引き受けていかなければいけません。そこが大変なのです。だから、コンプレックスが意識化されさえすれば問題が解消するのではなく、実はそれからが問題の始まりになるわけです。

そうした話をしたところ、友人は割合と感心してくれました。しかし彼は『自分の「なめくじコンプレックス」はある程度わかっている』と言います。自分が医者として相当いい格好をしていることを知っているわけです。開業医であり、それなりの良い思いもしています。しかし彼が続けるには『でもなぁ、自分はそういうことで少しばかりいい気になっていることを知っている。と同時に、こんなことでいい気になっている自分のくだらなさにも気づいている』と。『先生、先生とおだてられ、年収も日本人の平均より多い。くだらないことだけれども、それをうれしく思っている自分に気がついている。それと比べて長嶋茂雄は、本当に自分を偉いと思っているんじゃないか。俺は自分のことを偉いとは思っていない。たまたま医者になっていい格好をしている。それを楽しんでいる浅ましいところがある。自分の浅ましさ・愚かしさをわかったうえで、少し楽しませてもらっているだけだ。ところが長嶋以下の巨人の選手は、自分たちが本当に偉いと思っているんじゃないか。それが鼻持ちならん』と、そう言うのです。

つまり彼は「長嶋はアホだ」と言いたいわけです。「自分のアホさに気がつかないで本当に偉いと思っていやがる」と。しかし実は彼自身、長嶋みたいにちやほやされたいのです。彼も医者の世界で屈辱感にまみれることがあります。医師会にもある種の学閥がありますから、一般の人にはお医者様と偉そうに思われていても、医師会に行ったら隅の方でしょぼんとしているとか。そういった怒りをなにかにぶつけたい。ところがぶつける相手がいないので、「長嶋はいい格好をしやがって。あの医師会の会長も内心、自分のことを偉いと思っているに違いない。けしからん。アホだ」と怒っているわけです。

この例を見てもわかるように、クライエントのコンプレックスに共感するためには、自分にも同じコンプレックスがないといけません。自分にちょっとばかり良いことがあると思い上がって得意になる。自分にちょっと嫌なことがあると惨めな思いをして「死んでしまいたい」などと思ったりする。こうした、自分の中の、ある意味では受け入れがたい、しかし有るもの（無いとはいえないもの）、そういうものに気づいていなかったら、クライエントのコンプレックスに共感することはできません。

たとえば、世の中にはケチな人が大勢いるはずですが、自分がケチであることに気づいていない人もいるかもしれません。それが「ケチコンプレックス」の持ち主です。そういう人は他人のケチがとてもよく目につきます。そして許せない。「あいつはなんてケチなんだ」と。実際は自分がケチなのです。自分がケチであることに気づいていれば、「あいつも俺と同じだ。まぁ、やり方がまずいけれども。もう少しうまくやればいいのに」くらいに思えます。少なくとも「あんな奴がいるから、日本の将来はお先まっ暗だ」などと腹を立てることはありません。人間というのはそんなものです。自分の中のアホらしさに気がついていながら、時にはそのアホらしさを実行しなければいけないのかもしれません。

ある大学の偉い先生のことです。大学に自転車で通われているのですが、この先生がジャガーを買われました。高い車です。でも気が小さくて、夜に一人で走っているのです。皆に「せっかくジャガーを買って、夜だけ走るなんて何してるんだ」などと言われて照れておられました。「俺はジャガーに乗れるほど金がある」という気に少しはなりたいのでしょう。それでジャガーを買った。しかしさすがに人目につくのが恥ずかしくて、夜中にドライブされているわけです。

また、ある時ある研究会に行ったのですが、私たちの会は貧乏ですから会場にはクロークがありませんでした。カバンなどをテーブルの上に置くのですが、紙袋や布袋とかせいぜい豚革のくたびれた物のあるなかに、大きなルイ・ヴィトンがデーンと置かれていました。『誰がこんなもの持ってきたんだ』と、やきもち半分でガヤガヤ言っていたら、大変有名な先生がトイレから戻って来られて、「僕のです」とやはり照れておられました。どんな偉い人でも少しくらいアホなことをしなければいけません。それで持っておられたのだと思います。私たちのなかではあまり格好良くないけれども、会場に来るまでの地下鉄では「見て、見て」と思っておられたかもしれません。そういうアホみたいなところを、少しはやっておいたほうが良いのかもしれません。小さな癖を直すともっと大きな癖が出てきて症状レベルにまでなることがある、とよく聞きますが、そのためにも、少々の悪癖は必要なのかもしれません。

比較のこと

先に、「先生は子どもたちを、公平にみんな平等に扱わねばならない」ということを述べました。その通りだと思いますが、面白いことに、私たちがものを比較する場合は、それらが同じであることが前提です。違うものどうしの比較はできません。たとえば、地球上で最大の鯛よりも、地球上で最小の鯨のほうが大きい。しかし私たちは両手で抱えるほどの鯛を見ると「大きな鯛だ」と思うのです。水族館のイルカよりもはるかに小さいにもかかわらず。

つまり、鯛は鯛どうしを比較してはじめて大きい小さいが問題になります。ここでは便宜上、鯨を魚の仲間にしておきますが、もし魚という枠で見たら鯛は鯨よりもすごく小さいことになります。だから「大きな鯛を釣った」と言うときは鯛として比較しているのであり、魚として比較しているわけではありません。「鯛のなかでは大きい」ということです。鯨ならば五メートルでも大したことがないのに、鯛ならば一メートルに近いだけで超大物です。

同じであるから比較ができる、ということを考えなければいけません。百メートル走でいちばん速い人とマラソンでいちばん速い人を比較することはできないのです。数年前に、百メートルでいちばん速い人と二百メートルでいちばん速い人の優劣を決めるために、百五十メートルで走らせるということがありました。アホだなと思いますが、結局、僕らはどうしても比較したがるのです。比較するなどというのは実はアホなことなのです。比較とはある一面だけをとりあげるものですから。全面をとりあげることはできません。私たちが名刺だけで評価されて不愉快になるのは、名刺というのは一面しか表していないからです。どうしても「もっと全面的な全人格的なわたしがいるではないか」という気持ちが残ります。

私が昔いた大学で教授をしていた人が、当時の文部省主催の会のため東京に講演に行きました。帰りは出身大学の先輩と一緒だったそうです。私の同僚が言うには、『面白かった。あの先生、すごく怒っていた』と。同僚は国立大学の教授です。学者としても、何からいってもはるかに有名で実力のあるその先輩も国立大学に勤めていますが、助教授なのです。学会では先輩のほうが自分より偉いことをみんな知っているが『謝金は自分のほうが上だった』と。大学の規模や先生の実績とは関係なく、国立大学の教授と助教授というだけで謝金の額が違っているのです。それで同僚は『帰りの新幹線で見たら自分のほうが額が上で、相手はすごくくやしがっていて、面白かった』と喜んでいました。普段は何かにつけて相手が上でコンプレックスの塊になっていますから、すごく感激して「よかった、よかった」とはしゃいでいました。

またスポーツの例に戻りますが、格闘競技では体重別に分かれているのがほとんど常識です。ボクシングにしろ柔道にしろ、みな体重別で行われます。百キロの人と六十キロの人を対等にやらせることはない。これは差別ではありません。競技の質が違うのですから。そこのところを考えなければいけません。比べるためには同じでないといけないのです。

比較の一面性と客観性について、もうひとつ例を挙げておきましょう。

セザンヌとゴッホではどちらが良いのでしょうか？　どんなに議論をしても結論は出ないでしょう。セザンヌの好きな人は絶対セザンヌでしょうし、ゴッホ好きは絶対ゴッホでしょう。巨人ファンと阪神ファンのようなものです。しかし値段を比べれば一度に決着します。サザビーという競売場がありますが、そこで仮にセザンヌの絵が三億円、ゴッホの絵が一億円だとしたら、セザンヌの絵の方がゴッホの絵よりも、他のものに代えたら三倍のものを手に入れることができることがはっきりします。しかしそれが、ゴッホの絵とセザンヌの絵のどちらが良い絵なのか、という判定にはつながりません。「何としてもゴッホだ」と言う人もいますし、セザンヌにも同じようなファンがいます。そういう人は、好きな絵にはいくら出しても欲しいのです。絵の値段などいい加減なものです。何年か前に大英博物館で、絵をたくさん放り込んでいる部屋に小さな絵が転がっていて、誰も気にとめてなかったけれども、ある人が調べたら、それがラファエロの本物だと判りました。そうするといっぺんに何億円という値段がつき、それまで廊下の隅にあったものが大事に飾られるようになった、と新聞に載っていました。値段という客観的な尺度があれば、三億円の絵は一億円の絵の三倍の値打ちがあることになります。しかしそれは絵としての値打ちではなく、値段というほんの一面的な違いなのです。

また、身長や体重も比較すればすぐに差は判明しますが、それも一面的なものです。あるいは、いま懐にいくらお金を持っているのかも、英単語をいくら知っているのかも、比較できます。しかしそれらは、私たちにとってほんの一面のことなのです。「ほんの一面」であることを忘れてはいけません。逆に、一面的ということがわかっているからこそ、遊びとしての比較も出てきます。ギネスブックがそうでしょう。このあいだ四国で二十数メートルのパイを作ってフランスの二十一メートルを超えたのでギネスに申告するとか報道されていましたが、世界各地でも日本でも食べ物に困っている人がいるのに、そんなパイを作ってどうするのかと思いました。そんなアホなことをする人がいるのです。腕立て伏せを三万何千回やった人もいて、二日か三日かかったそうですが、私たちはそういう馬鹿なことを見て楽しむのです。ボクシングのジョー・ルイスとモハメッド・アリが全盛時代に戦ったらどちらが強かったかということを、一生懸命に議論している人もいます。朝青龍と双葉山はどちらが強いか？　塚原卜伝と宮本武蔵が実際に立ちあったらどちらが勝つか？　そんな馬鹿みたいなことを考えて楽しむのが私たちです。比較がなぜ面白いかというと、一面的だから。それによって人間の値打ちが決まるわけではないからです。

ところで、日本の運動会から一等賞が消えて久しい。「何度やってもビリの子が可哀想だから」という発想です。しかし、それなら高校野球の甲子園大会もやめたほうがいいでしょう。負けた学校の選手は涙をぽろぽろ流して砂を袋に詰めています。可哀想で見てられません。もらい泣きする人もいるくらいです。しかし考えてみれば、涙をぽろぽろ流して泣いている選手が、地方予選では他のチームをたくさん泣かせてきたのです。可哀想というならば、それほどたくさんの若者を泣かす大会はやめたらどうでしょうか。オリンピックもそうです。金メダルをとる選手はごく一部ですが、それでも、というよりだからこそ、多くの人が熱狂します。それは、比較が一種の遊びだからです。だから、互いを比較することにむきになって反対するのはどこかおかしいのです。

比較するのは、ある共通の尺度が見つかったからであり、それはひとつの尺度に過ぎません。その尺度の上であろうが下であろうが、人間としての値打ちにはまったく関係ないのです。そもそも人間の値打ちは比較できません。一人一人の人間には「自分でなければ実現できない独自の意味」があります。そのユニークな意味は比較を超えています。先にもあったように、お父さんお母さんには、自分の子が他の子と比べてある面で最低であっても、かけがえがないのです。

もうひとつ違った例を見てみましょう。

今世紀の初めに「南極一番乗り」競争がありました。イギリスのスコットかノルウェーのアムンゼンかと、注目されていたものです。スコット隊は屈強の大男たちを選抜して出発しました。彼らは歩いて大陸を横切り、ヘトヘトになりながら南極点に到達しました。しかしそこにはすでにノルウェーの旗が立っており、犬ぞりの跡がありました。アムンゼンたちが犬ぞりを使って先に着いていたのです。スコット隊は落胆して帰りに遭難します。スコット隊長は最後まで生きて記録を残していました。嵐がひどくて救援隊を出せず、救援隊が到着したときには全員が亡くなっていました。考えてみると、南極に一番に行ってもしょうがないでしょう。人類最初の足跡をつける。しかし、それで貧しい人々が豊かになるとか世界の平和が促されるということはありません。ひょっとしたら個々の探検家の個人的な楽しみにすぎないかもしれません。それでも、こういうことはやはりあるのです。エベレストなどの登頂競争にしても同じです。

私たちが何に生き甲斐を感じるのか。それは各人が決めることです。私はずいぶん前に糖尿病と診断されてから、毎朝ランニングをしているのですが、走りながら眺めていると、物干しがありその上にサツキの鉢をたくさん並べて、ステテコ姿で世話をしている人がいました。あれはやってみると楽しいそうです。仮りにその人が「おまえもやってみろ。やり方はこうだから」と三十鉢くれても、それは私にとっては拷問です。しかしその人にとっては楽しくて仕方ない。花に筋が一つ入ったとか言って一喜一憂しているのです。私からみれば何ということはなくとも、彼にとっては大事件なのです。何に生き甲斐を感じるのかは、人それぞれです。私たちが一人一人が「これは意味がある」と思っていることは、客観的には意味がないかもしれません。客観的に誰もが認める価値などいうものは、ひょっとすると無いのかもしれません。ただ、主観的な価値を大切にするのはよいことですが、自分が「これだ」と思ったことに命までかけてしまうのは、考えものです。「カウンセリングは良いことだ」などと思いこむのも、ひょっとしたらおかしいのかもしれません。

思春期の課題

これまで考えてきたことをまとめるかたちになりますが、思春期になると相対評価を免れることができなくなる、という問題があります。

「自分には自分でないと実現できないユニークな意味がある」という実感はとても大切です。ただ、これが百パーセント身に付くことはありません。そこで、そうした絶対評価とは違った側面も出てくるわけです。それが相対評価の側面です。相対評価とは、他人と比較して自分を確かめることです。他人と比較すればおのずから優劣が出てきます。少しでも良いところがあると思い上がり、少しでも劣ったところがあると惨めになるのが私たちです。それは避けられません。

そして、この「自分の相対性」に気づくことが、思春期の課題のひとつなのです。なぜかというと、この時期には朧気ながら就職という問題が見えてきます。もちろん、とにもかくにも偏差値であり、高校へ行くにも大学に行くにも、入れるところに入っておこうという風潮は根づよく、何をやりたいからどこそこへではなくて、とりあえず入っておいて職業を決めるのは後回し、という傾向はあります。しかし、結局は就職という問題が否応なしに見えてきます。それが最初に出てくるのは、おそらくは中学校の進路指導でしょう。どこの高校へ行くのか。あるいはそのまま就職するのか。高校での進路決定においても、就職するのか大学へ行くのか、という問題が入ってくるのです。

そうすると否応なしに、他人と自分を比べることをせざるを得ません。なぜかというと、職業のなかには、成りたい人はたくさんいるけれども成れる人は少しだけという種類のものがあるからです。その場合、成りたい人が何人いるのか、成れる人は何人なのかを調べて、自分がだいたいどれぐらいにいるのかを確かめないといけません。たとえば幼稚園や小学校の低学年の男の子に「巨人軍の四番バッターになりたい人は？」と聞いたら、おそらく全国で十万や二十万人は手を挙げるのではないでしょうか。しかし、その二十万人の子どものなかで二十年後に巨人軍に入団できるのは、多く見積もっても二十人ぐらいでしょう。二十万人中、十九万八千五百番という子がどんなに頑張っても、たぶんなれません。幼稚園や小学校の低学年ではわかりませんが、だいたいは見当がつくわけです。

たとえば松井秀喜選手は少年野球からやっていて、素質もあり努力もし、運にも恵まれて一流のバッターになりました。目標はそれぞれ持っていてもいいのですが、そのためには一歩一歩の努力が要ります。ただし、自分が頑張って努力さえすれば成りたいものに成れるわけではありません。甲子園に出たこともない高校の補欠の選手が『僕は巨人軍の四番を目指しています。一日四百回の素振りを欠かしていません』と言っても、ナンセンスです。やはり可能性のある目標に向かって努力することが大事です。その場合、自分が「成りたい」もの、「成れる」もの、候補者のなかで何番目ぐらいなのかをはっきりさせないといけません。それがつまり相対評価です。

私の息子が中学生のとき、高校をどうするのかという話になりました。息子が通っていた中学校は通知票が絶対評価でした。学区制で、学区ごとに公立高校が何校か割り当てられてAからDとランクが付いています。息子が行っていた学校でA高校へ行くのはだいたい上位二十名と決まっていました。しかし通知票は三段階評価です。「よくやっています」というのは本人なりに頑張っている。「まあまあです」というのはまあまあ。「もっと頑張りましょう」というのはさぼっている。その三つです。全部、「よくやっています」となっていても、何番なのかはわかりません。オール丸でもクラス四十人中二十六番ということもあるわけです。それではどの高校にするのか決められません。困りました。学校の先生は全部データを持っていて知っているのですが、三年の一学期まで言ってくれませんでした。二学期の初めに三者懇談があり、本人と親と先生が一緒に話すのですが、私の家内が「志望はA高校」と告げると、先生がびっくりして『この成績でA高校に行けると思っているのですか』と言われました。それまでは「頑張れ」「努力すれば道が開ける」「結果よりもプロセスがすべて」ばかりだったのに、三年の二学期にそう言いだすのです。これはけしからん話です。相対評価がなかったら、作戦の立てようがありません。相対評価はこういうときに必要なのです。相対評価があれば、努力をしても道が開けないこともわかります。

先代貴乃花（いまの二所ヶ関親方）は現役時代に名大関と言われ、何十場所か大関を張り続けました。その弟弟子の若乃花（二代目）は稽古嫌いで有名だったのですが、その若乃花が横綱になりました。稽古熱心の貴乃花は大関なのに稽古嫌いの若乃花がなぜ横綱になれたのか、という座談会がある雑誌に載りました。それほどに若乃花の力士としての素質は抜群だったというのです。もし貴乃花が若乃花程度の稽古しかしなかったら、あっという間に大関を落ちて幕尻まで行って引退しただろう、と。努力さえすれば横綱になれるというものではありません。大関でも大したものですが、努力の量だけで横綱になれるものではないようです。

もうひとつ例を挙げますと、いまから三十年ぐらい前に浪人十年生が自殺しました。最後の二年間はノイローゼよりもっとひどく、昼夜逆転で家族とも顔を会わさず、食事は夜中に食べているかどうか。外に出るのは夜中に自動販売機でタバコを買いにいくくらい。そしてとうとう自殺されました。私がこの記事を見てまず思ったのは、「周りの大人は何をしていたのか」ということです。この人は国立大学を目指していました。頑張っていたのですが、刀折れ矢尽きて倒れた。健気ではありますが、子どもっぽい夢にしがみついて、大事な十八歳から二十八歳を過ごして、自殺なさった。こういうときは、周りの大人がどこかで諦めさせないといけないのです。「努力すれば何とかなる」ではなく「努力しても駄目なものは駄目」と、もっと早くに言わなければいけません。

「何とかなる」と夢ばかり言うのではなく、「夢壊し」もしなければいけません。ところが、これをすると子どもが目を剥きますから、それが嫌なので「頑張れ」「努力すれば道は開ける」と言う大人が多すぎます。その結果、相対評価で自分の限界や劣等性に目を据えて、「ルールを通して自分を生かす」とか「自分を殺して自分を生かす」といった、自分でないと出来ない可能性、自分でないと実現しないユニークな意味を実現することがお留守になっています。

同じようなことが、「結果よりもプロセスが大事」というスローガンにも表れています。世間ではすべて結果が物を言います。その昔、常勝巨人をやっつけた三原監督という人が「プロ野球の監督ほど難しい商売はない」と言っていました。彼によると、プロ野球の選手にはごろつきみたいな人がいて、監督からすればどうしようもない選手が二日酔いで三振十六シャットアウトで勝ったりするのです。逆に練習熱心で、監督からすると可愛い選手になんとか良いチャンスをつくってやろうとしてピンチヒッターに出すと、三球見送りの三振。そういう人たちをなだめすかしながら優勝まで持っていくのは大変なのだ、と新聞に書いているのを見たことがあります。

このように世の中には「結果がすべて」の側面があります。酒を飲もうが何をしようがピッチャーはアウトを取ればいいし、バッターはヒットを打てばいい。王が助監督のとき、あるテレビ番組がある二軍選手の一日をリポートする番組を組みました。ものすごく真面目なピッチャーです。百人を超すテスト生から一人だけ合格したそうですが、その人がインタビューで『わたしは二軍四年目で、今年芽が出なかったらお払い箱です』と言っていました。はきはきして、なかなかの好青年です。インタビュアーが『なぜ、あんな良いやつを一軍で使わないのか』と王助監督に聞いたところ、王があの目玉をギョロリとさせて『巨人軍は勝つためにあります』と言いました。彼の言うには「好青年なのはわかっている。しかし巨人軍は勝つためにある。勝つことに役立つようになればいつでも使う。でもいまの彼は、チームが勝つためには残念ながらあまり役に立たない」ということでした。真面目に努力さえすれば一軍にあがれるものではないのです。

「結果よりもプロセスが大事」と言われますが、そうではありません。大人の世界、職業の世界は元来そういうものです。子どもが思春期以降になると、好むと好まざるとに関わらず、そうした世界に直面せざるを得ません。これに直面できない人は、他人とどう関わってよいのかわからなくなり、外に出なくなります。以前は、誇大自己・自尊心ばかりが膨らんで、その自尊心を外の社会で満たすだけの力が備わっていないのでそのギャップに耐えかねて引きこもる、と言われていました。この頃のニートのような若者たちは、もっとおかしくなっています。

と、ここで時間がなくなってしまいました。後半のあたりから気になって少し端折りながら喋っていたのですが、予定していた全部を話せなくて、ちょっと尻切れトンボのようなことになってすみません。しかし大筋では一応申し上げたいことは話せたか、と思っています。

今の時代、あまりにも「表」の明るいことだけが強調されて、実は「表」を支えている「裏」の暗い面がことさら無視されています。しかしこころというものは表（タテマエ）あっての裏、裏（ホンネ）があればこその表なのであって、両方で一つの全体を形作っているのです。見たところお互いに正反対の方向のようでありながら、実はお互いがお互いを支えあっている。そういうことを具体的な例に基づいてお話しできたら、と思っていたわけです。

「光」は「影」を含みこんでこそ、柔らかい包みこむような奥行きをあらわします。影のない光は、通常は眩しすぎて見る人の目を損ないます。かといって真っ暗では方向性が失われ途方に暮れることになります。そのあたりの微妙なニュアンスを味わうことを忘れ、万事を「白か黒か」で割り切りすぎていることが、この頃「こころの時代」と呼ばれるような心理学的な問題が多く現れてきたことの背景にあるような気がしています。

質疑応答

質問　私は五十六歳ですが、帝塚山学院大学大学院を受けようとして勉強して二年目の者です。三年前に臨床心理士になろうとして初めて手にしたのが先生の本でした。「努力をしても駄目な人は駄目である」というお話が先ほどありましたが、それをお聞きして、自分の場合はやめたほうが良いのかと思ったりします。また、食べていけるのかなぁ、とも思ったりするのですが……。

氏原　それについては、私からは何とも言えません。御自身で考えてください。ただ、やけくそになって頑張らないと出てこない能力というものもありますから、そこは何とも言えません。私も浪人の経験がありますが、受験勉強は辛いものです。たとえば「二年頑張れば必ず入ることができる」とわかっていれば頑張れるのです。でもまた落ちるかもしれない。ひょっとしたら駄目かもしれない。そう思いながら頑張る時期がどうしてもあると思うのです。「努力すれば絶対になれる」ということはたぶんないと思います。でも「どんなに頑張っても絶対に駄目」とも言い切ることはできません。私にはわかりませんので、頑張って考えてください。試すということには、可能性を試すという前向きの面と、限界を見極めるという辛い面とがあります。

******　　******　　******

質問　先ほど、集団のルールがあり、その不自由さのなかで自分の可能性を最大限に生かしていくことが大事だというお話がありました。確かにそうだと思うのですが、ルール自体が不備ではないかと考えられる場合、そのことを考えずに現行のルールのなかで最大限生かすことを考えたほうがいいのか、それともルール自体がこれで良いのかどうかも念頭においたほうがいいのか……。もし不合理性のなかで自分を最大限生かすように考えていくとしたら、その不合理性とどう折り合いをつければいいのでしょうか。

氏原　ルールというものはだいたい、いい加減です。ルールの合理性を問題にしたら、何も成り立ちません。たとえばよく言われるように、学校ではスカートのひだが十六本か十七本かというくだらないことで会議を一生懸命にやっています。たしかに十六本でも十七本でもどちらでもいい。しかしルールというものは、決まったら守らないといけません。バレーボールも、私たちが子どもの頃は九人制しかありませんでしたが、いまは六人制です。九人制のときは背が低くてもレシーブの上手な人は後衛で活躍できてそれなりに面白かったのですが、そのルールが変わりました。ラクビーも、以前はトライ三点・ゴール五点でしたが、いまはトライ四点・ゴール六点とルールが変わっています。水泳も、昔はバタフライという競技はなく、平泳ぎでした。しかしある時期に平泳ぎのトップに入る人が皆バタフライ泳法だったので、これが別種目になりました。

このように、ルールはその都度変わります。その時点でのルールが妥当かどうかはわかりません。九人制のほうが良いのか六人制の方が良いのか？　九人制ファンは絶対に九人制と言うでしょうし、六人制ファンは六人制と言うでしょう。将来は五人制になるかもしれません。いまこの時点のルールが絶対に正しいかどうかは問題ではないのです。ルールができたら、そのルールを守って最大限にやる。そのルールを守ることが気に入らなければ、そのゲームに参加しなければよいのです。それは仕方がない。ルールの合理性を問題にし出すとそういう話になってしまいます。粗っぽい言い方ですが、ルールとは守るためにあるものです。

トラウマの臨床心理学

一丸藤太郎

トラウマとは
トラウマという概念との個人的な出会い
トラウマという概念による事例の理解
ジャネとフロイトのトラウマ論
クライエントの述べること
トラウマ論の展開
トラウマから生じる精神障害とトラウマの及ぼす影響
トラウマという概念の意義
偽りの記憶症候群
トラウマを受けたクライエントの心理療法
トラウマ論への批判と今後の発展
ま と め

トラウマとは

それではこれから、「トラウマの臨床心理学」ということについて、皆様と一緒に考えてみたいと思います。

そこでまず、「トラウマとは何か」ということから始めたいと思いますが、トラウマをどのように定義するかということは、なかなか一筋縄ではいかない課題なのです。まずトラウマは、阪神・淡路地区大震災のような大災害にあって危うく死ぬような恐怖を体験した、あるいは暴漢に襲われて大怪我をして危うく死にそうになり恐怖感で一杯になったといったように、ある出来事が圧倒的に強烈な体験となって、恐怖感、無力感、絶望感を味わい、その結果として心身に大きなダメージを受けるような体験であると言うことができます。フロイトは、有害な影響をもたらすような強烈な外的刺激を防ぐための「刺激障壁」が私たちには本来備わっているのだと仮定しましたが、そのような「刺激障壁」をも打ち破るような強烈な体験がトラウマであると言っています。ある出来事があまりにも圧倒的で強烈であれば、それを体験したほとんどの人に大きなダメージが生じます。たとえばアメリカの報告では、目の前で親が殺されるのを目撃した子どもには、ほぼその百パーセントにトラウマに対する典型的な反応である心的外傷後ストレス障害〔PTSD〕が生じるとされています。

しかしその一方で、あるショッキングな出来事に遭遇したときに、それをどのように体験するか（あるいはまたそれにどのような影響を受けるか）には個人差があるわけです。客観的にはそれほどショッキングとは思えないような出来事に対しても、大きなダメージを受ける人もいます。たとえば失恋や祖父母の死といったような対象喪失に対して、解離性同一性障害（それはしばしばトラウマに対して生じる精神障害ですが）といった強い反応が生じる人もいます。またその逆に、客観的には相当強烈で苦痛な体験をしても、それほど大きなダメージを受けることなくうまく切り抜けることができる人もいるわけです。たとえばレイプを受けた女性では、直後には大部分の人に心的外傷後ストレス障害が生じますが、三ヵ月もするとそのうちの多くは心的外傷後ストレス障害からは回復するようです。あるいはまた、子どものときに酷い虐待を受けてきた人がみな、精神障害に陥るわけでもありません。

トラウマはこのように、一方では外的な客観的な出来事によって規定されますが、その一方でそれを体験する人の主観的な受け取り方や心身の個人差によっても規定されます。ですからトラウマとなる出来事は、グレーゾーンにあるものが大部分ということになります。フロイトの言う「刺激障壁」には、個人差があるわけです。

トラウマのタイプとしては、一回限りのものと、繰り返されるものがあります。一回限りのものとしては、レイプ被害や強盗・暴力被害といったような犯罪被害、交通事故の被害や加害、地震、台風、水害といった自然災害などがあります。繰り返されるものとしては、身体的虐待、性的虐待、ネグレクト、心理的虐待といったような種々の虐待、いじめ、などがあります。

トラウマのタイプにはまた、自然災害や工業災害などによるものと人の手によるものという分類もできます。自然災害によるトラウマでは、それを体験した人たちにしばしば一体感や連帯感が生じ、共に助け合おうという態度が生じやすいのが特徴的です。それに対して人の手によるトラウマは、悪意をもって繰り返されることが多いために、人の対する不信感や被害感などが強まり、長期に渡って大きなダメージを生じさせやすいようです。

ショッキングな出来事は、それを直接体験した人だけでなく、そのような出来事を目撃した人や家族などにもトラウマとなり、強いダメージを及ぼすことがあります。たとえば家族が交通事故で亡くなったような場合には、残された家族にはそれがトラウマとなって大きな反応が生じることがあります。また交通事故に対処する救急隊員や警察官も、トラウマを受けてしまうこともあるのです。

本稿では、このようなトラウマということについて臨床心理学的観点から考えてみたいと思います。トラウマを体験するということは、どのようなことなのか、またどのようなダメージを受けるのか。このような人たちのダメージを、どのように理解でき、彼らに対してどのように援助ができるのか。また、トラウマという概念や理論は歴史的にどのように展開してきたのか。トラウマということのいろいろな側面について、最近私が考えていることについて述べてみたいと思います。もし皆様のなかでトラウマを受けて苦しんでおられる人がいるようでしたら、ここで考えたことが、トラウマを受けたために自分に起こっていることを理解することに少しでも役に立てればよいのだがと願っています。もし皆様のまわりに、たとえば夫、妻、子どもといった家族、友人、自分が担当する児童・生徒のなかにトラウマを受けている人がいるのでしたら、私の話が、皆様がそうした人たちにどのように接してあげたらいいのかということのヒントになればと願っています。

トラウマという概念との個人的な出会い

私たち心理臨床家の多くは、トラウマという概念については教科書で学んでいることです。しかしながら私たち心理臨床家は、実際に臨床場面で体験することによってある概念や理論を本当に理解することができ、それを自分のものとしていくことができるのです。

私自身も心理療法を学び始めてすぐに、トラウマという概念について知りました。教科書にも書いてあり、「クライエントにとってとてもショッキングな体験」を指すのだろうという漠然とした理解をして、そのような意味で使っていました。しかし私がトラウマということを正面から真剣に考えるようになったのは、次のような出来事がきっかけでした。

それは、三十年程前の出来事です。その頃私は、ある総合病院の精神科で非常勤の心理療法士をやっていたのですが、そこに入院している三十歳代の女性の心理療法を担当することになったのです。その女性を担当していた精神科のお医者さんから『この女性には心理療法が役に立つと思うのですが、どうでしょうか？』と言われて、私が受け持つことになったのです。

その女性は、処方された薬を一度に全部飲んで自殺をしようとしたために入院させられていました。入院中だったので看護婦さんは、彼女の病棟での言動、身体の調子などについてよく観察することができ、そうしたことについて詳しく日誌に記録していました。入院中の患者さんの心理療法をするときに私はいつもそうするのですが、心理療法を始める前日にその患者さんについて少しでも知っておこうと思って病棟に行ってその看護日誌を読んでみたのです。看護日誌には二、三日前の出来事として、患者さんが「夜に看護婦詰め所にわざわざやって来て『わたしは、お医者さんと看護婦さんという白衣を着た人なら信頼できます』と言った」という記述がありました。そのことが、私の注目を引いたのです。というのは、その当時私はある理由から、病院でも白衣ではなく私服を着ていたので、その患者さんは、私が私服を着ていることをどのように感じるのだろうかと心配になったからです。そしてこの患者さんとの心理療法では、白衣を着たほうがいいのだろうかとも考えたのですが、結局はいつものように私服でお会いすることに決めました。

患者さんが入院していた病棟では、病棟から出る際に患者さんによっていろいろと制限がありましたが、この患者さんは、病棟から出るのには看護婦さんの付き添いが必要でした。病棟は六階にあり、私の面接室は一階にありましたので、その面接室に来るのには看護婦さんが連れて来ないといけないわけです。面接の時間になったので私が面接室に入ってみると、患者さんはすでに看護婦さんに連れられて来ており、椅子に座って待っていました。お風呂に入っていたということで髪の毛が濡れており、タオルで拭いていました。看護婦さんは『それでは一時間経ったら迎えに来ますから』と面接室から出ていきました。私は面接室のドアを閉めながら、ふと気になって《僕は白衣を着ていませんが、大丈夫ですか？》とその患者さんに聞いたのです。そうしたら患者さんは急にひどく脅えた顔になり、私の座っている後ろの白い壁を目を見開いてじっと見据えました。その白い壁に何か恐ろしいものが実際に見えており、それに脅えているかのようでした。あれほどひどく恐怖にとらわれた表情は、映画は別として見たことがないくらい迫力に富んでいました。

私が尋ねたのは「白衣を着ていなくても大丈夫ですか」ということだけであり、私がしたことは面接室のドアを閉めて椅子に座ろうとしたことだけです。仏様みたいに優しいこの私に対して、あれだけ脅えるというのは一体どうしてなのだろうかと、私のほうも本当にびっくりしてしまいました。彼女のこころに何が起こっているのか、私には全く理解できませんでした。そこで仕方がないので病棟に帰っている途中の看護婦さんを大急ぎで呼び戻して《看護婦さんと一緒だといいですか》と尋ねると、『それならいいです』と言います。私の座っている椅子の左側に長い寝椅子があるのですが、看護婦さんはその寝椅子の私から一番遠いところに座わりました。ところが私の正面に座っていた患者さんは立ち上がると、看護婦さんのさらに向こう側に座り、看護婦さんに隠れるようにして、私に話をしてくれたのです。

いろいろなことを話してくれたのですが、そのときの私には「なぜ彼女が脅えたのか？」という疑問で頭が一杯でした。後で思い返してみたのですが、彼女が話してくれたのは、一年ほど前にご主人が重い病気になって絶望的になり、彼女を籐の枕がぐちゃぐちゃに壊れるほどひどく殴ったこと、また思春期に性的被害を受けたことがあったということでした。私にとっては、なぜ彼女がこれほど脅えたのか、どうしてあのような恐怖の発作が起きたのかが長い間どうしてもわからず、不思議なこととしてこころに残ってしまったのです。心理療法をやっていると、「いったい何が起こっているのだろう？」と、そこで生じていることが解らずに困ってしまうことや、「不思議だなぁ」と思うことにはいつでも出会うのですが、特にこの出来事は何か重要な意味があるに違いないという気持ちで、ずっと考えていたことの一つでした。

皆様は、どのように思うでしょう。いったいなぜ、こんなことが起こったのでしょうか。何がこの人を、あのような恐怖の発作に陥らせたのでしょうか。

それから二十年程した頃から、わが国でも「トラウマ」「幼児虐待」「心的外傷後ストレス障害」「フラッシュバック」「解離性障害」といったトラウマと関連した概念や理論などが次第に紹介されるようになり、それに関連する論文や著書が出版されるようになってきました。こうした概念や理論について勉強しているとき、ふと「この女性患者の恐怖の発作は、ひょっとしたらトラウマと関連があるのかもしれない」と考えてみたのです。というのは、この発作の後で彼女が私に話してくれたことは、夫が重い病気になって絶望的になり彼女にひどい暴力を振るったこと、さらに彼女自身が思春期に性被害を受けていたこと、つまりトラウマを体験していたということであったことを思い出したからです。そうすると白衣ではなく私服を着ている男性である私が、面接室のドアを閉めて狭い部屋に二人きりになるという状況が引きがねになって、この女性にフラッシュバック（おそらく夫にひどく殴られたシーン、あるいは性被害を受けたシーン）が甦ってきたのではないかと考えると、ようやくこの状況がうまく理解できるのではないかと思えたのです。フラッシュバックですから、単にそのような辛い過去の体験を思い出したというのではなく、そのような体験が彼女の頭の中に侵入してきて頭の中を占領してしまったのに違いないのです。だから、あれほどの恐怖に襲われたのではないだろうかと理解してみると、長い間の宿題がようやく解けたように感じたのです。

トラウマという概念による事例の理解

解らないことが解るようになるということは、非常に嬉しい体験です。そうなるとトラウマという概念で考えてみると、これまで解らなかったこと（あるいは不明瞭だったこと）がもっとよく理解できるかもしれないという思いが強くなってきます。そしてたとえば学会の発表も、トラウマという概念を頭に置いて聴いてみるようになったのです。そうすると、これまでには解らなかったことがよく解ってくるわけです。たとえばある学会で次のような発表がありました。それは若い男性のお医者さんによるものでしたが、患者さんは性被害を受けた高校生の女性でした。心理療法を始めようとして、その女性患者と若い男性のお医者さんが診察室に二人きりになると、患者さんの意識が必ず朦朧としてくるのです。発表者は、そこで何が起こっているか（つまりその女性患者の意識状態が低下するということ）は観察していたのですが、なぜそんなことが起きているのかということにはあまり関心がなかったようでしたし、焦点も当てていませんでした。若い男性と部屋に二人きりになるという状況がきっかけとなって、とても辛かったトラウマ体験がフラッシュバックし、意識が朦朧状態になるということをあまり重要なこととして捉えていなかったのです。また発表者は、この患者の心理療法を進めるにあたって性被害というトラウマ体験をまったく考慮に入れてなく、もっぱら彼女と母親の関係、彼女のパーソナリティの特徴などから理解しようとしていたことも特徴的でした。

このような経験を通して、トラウマという概念から事例や心理療法の経過などを考えてみると、これまでよく解らなかったことや不明瞭なことがより明確な像となってくるという思いがさらに強くなってきたのです。そしてさらにそのような思いは、これまで自分が実践してきた心理療法を振り返ってみることでますます強くなってきたのです。

たとえば三十数年前の体験ですが、二十歳代の女性の心理療法を行ったときのことです。彼女は、幼少時はほどよく恵まれた家庭で育ったのですが、児童期頃から両親がアルコール依存症となって不和になっただけでなく、度重なる性被害を受けるようにもなりました。さらに思春期には、誰を頼りにしてよいか解らないような家族のなかで唯一信頼していたお兄さんを事故で亡くしてしまいました。彼女が心理療法を受けようとした主な問題は「兄が事故で死んで以来いつも命日が近くなると意識がぼんやりとなり、自分がどこにいるのか、今日がいつなのかといったことが解らなくなってしまう」ということでした。

心理療法が進んでいくと、彼女は私を信頼するようになり、私が兄、母、父といった彼女にとって重要なすべての人を代表するようになってきたのです。しかしちょうどそのような時期に私が転勤することになって、心理療法を中断しないといけないということが起こってしまいました。彼女にはお兄さんが事故で亡くなったことがずいぶんショッキングな体験だったということが解っていましたので、面接を中断しなければいけないことを早くから説明して、非常に用心深く中断の手続きを進めました。最後の面接のときに彼女は『とてもお世話になりました』、『寂しくなりますね』と話して別れたのですが、数年後にこの別れの後に彼女に何が起こったのかを知ることになったのです。それによると、最後の面接が終わって面接室から出たとたん彼女は、自分の名前や住所も含めて自分自身が何者かまったく解らないようになってしまったということです。「わたしは誰？　ここは何処？」というようになったのです。幸いにも親切な人が彼女の運転免許証を見て家まで送ってくれたのですが、このような状態は一週間続いたということです。これは「全生活史健忘」と呼ばれているものです。私と別れることはとても辛い体験だろうとは推測していたのですが、まさか「全生活史健忘」まで引き起こすとは思ってもいませんでした。

この女性と心理療法を行っていた頃私には、トラウマという概念は頭にありませんでした。両親の不和、度重なる性被害、兄の事故死といったことは、確かにショッキングな体験ではあっただろうとは理解していたのですが、そうしたことに正面から取り組んだわけではありませんでした。というより、そこに焦点が合わさっていなかったといった方がいいかもしれません。しかし今トラウマという概念から振り返って考えてみると、彼女の症状や問題、またなぜ私との別れが「全生活史健忘」を引き起こしたのかといったようなことが、よりいっそう明瞭になってくるのです。いま彼女の心理療法をするのであれば、彼女の体験したトラウマに正面から向き合うことで、彼女をもっと適切に深く理解できるのではないかと思われます。

また中年期に思春期になった一人息子さんを事故で亡くした男性の場合にも、トラウマという概念で心理療法の経過をもう一度振り返ってみると、もっとクリアにわかるわけです。この男性は、息子の七回忌を結婚式と位置づけて、親が子どもにできるのは結婚式までだと考えました。息子の恋人だった女性を招いて七回忌をしたのですが、彼のこころのなかではこれは結婚式だったのですね。彼女を家まで送っていきながら、彼は『もう息子は帰ってこないのだから、あなたも新しい道を進んでほしい』と言うわけです。その夜彼は、息子さんを亡くしてから始めて息子さんの夢を見て、懐かしく感じました。そして息子さんが死んで以来そのままにしてあった息子さんの部屋を片づけ始めたのです。もちろんこの男性にとって、息子さんの死が大きな意味を持っているだろうとは理解していたのですが、そのことにしっかりと焦点を当てていませんでした。

別の女性で入院していた患者さんのことも思い出します。彼女は二十歳代前半のスラリとした美人でしたが、インテンシブな心理療法を実施したところ治療的退行を起こして赤ん坊のようになり、入院中の五十歳代の男性にいつもくっついているようになりました。今振り返ってみると彼女は、面接のなかで『わたしの両親はおかしいのです』と、虐待を受けたことを匂わせていたのですが、私がそこに注目していませんでした。その結果、虐待については明確になりませんでした。しかしこの事例をある事例検討会に提出したところ、「この女性は虐待を受けていたのではないですか」とコメントされて、ハッとしたことを覚えています。このようにして私にとっては、トラウマという概念や理論がますます重要な意味を持つようになってきたのです。

ジャネとフロイトのトラウマ論

ところで、トラウマが種々の心身の障害（あるいは不適応や不調）の原因となることがあるという考えは、実は古くからあったのです。十九世紀末から二十世紀初頭にかけてフランスで活躍した精神科医であるジャネは、ひどくショッキングで不快な体験をするとその状況と関連する心的活動、感覚、考えがパーソナリティから切り離されてしまい、それが「意識下固定観念」になるのだとしました。ヒステリーの症状は、そのような意識下固定観念から生じるのだと考えたのです。ジャネはヨーロッパで発展してきた催眠の伝統を受け継いできた人であり、ヒステリーの診断、病因の発見、治療などにおいて広く催眠を用いた人でもあります。彼は患者さんを催眠状態にして年齢退行、つまり「十九歳、十五歳、十歳、五歳」というように患者さんの年齢を徐々に下げていって、ヒステリーの病因を見つけ出そうとしたのです。たとえばある女性の患者さんの問題のひとつに、片方の「目が見えない」ということがありました。催眠で年齢退行を起こさせてみると、小さいときには確かに目が見えていたのが、ある年齢から目が見えなくなったということが解りました。そこで目が見えなくなった頃の出来事を催眠状態にして探っていくと、「顔におできのできた子どもと一緒にベッドで寝かされたことがあり」、それがとても嫌だったということが明らかになりました。つまり、そのことがトラウマとなったのです。そしてそのとき以来、一緒に寝たおできのできた子の側の目が見えなくなったのです。治療方法としてジャネは、催眠状態で「その子の顔にはおできができていなく、きれいだった」という暗示を与えたのです。このような方法でジャネはヒステリー症状を治していったわけですが、ジャネのこの報告を読んでみると、最後に「この方法が正しいかどうかは自分にはよくわからないが、いまのところ治っている。しかしこの状態が永遠に続くかどうかはわからない」と書いてあり、ジャネが謙虚な臨床家であることがよくわかります。

ジャネと同じ時代の人であるフロイトは精神分析の創始者ですが、彼もジャネと同じようにショッキングな体験（すなわちトラウマ）がヒステリーの病因となることを主張した一人です。フロイトは一八九六年に『ヒステリーの病因について』という論文を発表しました。その中で彼は、男性十二名、女性六名、合計十八名のヒステリー患者さんの心理療法を行った結果、十八名の患者さん全員が共通して言うことは「子どもの頃に大人から性的な誘惑を受けたということだった」と述べています。フロイトはこのことからヒステリーが発症する秘密を発見したと大喜びをしたのです。

「大人からの性的誘惑」は三つのグループに分けられました。第一は今でいう近親姦です。父親による娘に対する性的虐待であり、これが一番多かったと報告しています。第二のグループは、一回限り、もしくは数回の見知らぬ男性から主に女の子が受ける性被害です。いまでいうレイプ、痴漢、わいせつ行為などによる性被害です。第三のグループは、お兄さんと妹の性的関係ですが、これがなぜ大人から性的な誘惑を受けたことと関係があるかというと、そういう関係が起きるのは、そういうことをするお兄さんが子どもの頃に大人の女性から性的な誘惑を受けているからであり、そのような被害を受けたお兄さんは自分が受けたことを妹に単に繰り返しているだけだからなのです。

このように子どもの頃に成人から性的な誘惑を受けたヒステリー患者さんは、三つのグループに分けられるわけですが、いずれにしてもヒステリーの病因は、そういうショッキングな体験、性に関わるトラウマなのだというのがフロイトの主張だったのです。

現代精神医学が誕生した頃に活躍したジャネもフロイトも、このようにトラウマという現実に起こった出来事を精神障害が発症する病因として重視したことは興味深いことです。

クライエントの述べること――「現実」か「空想」か

ヒステリーの病因が「幼児期における成人からの性的誘惑」であるとするフロイトの考えは、「誘惑論」と呼ばれるのですが、翌年になるとフロイトは、「患者が述べた大人からの性的誘惑は患者の空想であり、実際に起こったことではない」と、考えを一八〇度変えることになります。そして解明すべきことは、なぜ患者さんたちはそのような空想を発展させるようになったのだろうかということになっていきます。

このようにして精神分析は、「現実に何が起こったのか」ということから、「内的・心理的世界でどのようなことが展開しているのか」ということの探求へと、大きく焦点を移したのです。内的・心理的世界で種々の考え、空想、感情などが展開する根には欲動があり、欲動をめぐる葛藤などについての理論が発展していきました。こうした精神分析の考えは「空想論」と呼ばれるようになってきたのです。

ところで患者さんが述べることは、実際に起こったことなのでしょうか、それとも空想の産物なのでしょうか。このことには多くの問題が含まれています。

たとえばある思春期の女性が面接で『先生、わたしのお父さんはとても「いやらしい」のです』と言ったとします。《どのように「いやらしい」のですか?》と尋ねられて彼女は『わたしがお風呂に入っていると、酔って帰ってきた父はお風呂場の前をうろうろするのです。一度はわたしがお風呂に入っているのを知っていて、お風呂場の中に入ってきたこともあるのです。その時たしかに酔っぱらってはいたのですが、お父さんは本当にいやらしいでしょ』と言ったとします。

これを私たちは、どのように理解したらいいのでしょうか。思春期になった娘に対して父親が性的な関心を持ち、性的な接近をしようとしている、つまり現実に起こっていることとして理解すればよいのでしょうか。それとも、思春期を迎えてエディプス願望が再燃し、それが父親に投影されたものでしょうか。言い換えれば、エディプス願望に基づいて、彼女が父親の言動を過度に性的なものとして解釈し、受け取っていると理解すればよいのでしょうか。

そのどちらであるのかということに答えるのは、なかなか難しいことです。というのは、近年の報告からすれば、父親が娘に対して性的虐待をするということは、ないことではないのです。想像される以上に近親姦は多く、近親姦までには至らないまでも思春期の娘に対して性的関心を強く抱く父親はもっと多くいるに違いないでしょう。これはフロイトの言う「誘惑論」ということになるのですが、そうなると心理療法の目標は「どうやって父親から身を護り、安全な日常生活を送れるようにするか」ということになります。しかし、女性が思春期という性的成熟を迎えると父親への見方が変化して、父親がいやらしく、不潔に感じられるようになってくるということもよく知られていることです。このことは、エディプス願望に基づく「空想」ということになり、探求すべきことは「父親が性的色彩を帯びて見えるようになってきたのはどうしてなのだろうか」ということになるのではないでしょうか。自分の性的欲動やエディプス的願望を認め、受け入れるということが心理療法の目標となるでしょう。

臨床の実際では、たとえばこの思春期の女性のような訴えには、「誘惑論」か「空想論」のどちらかというよりも、むしろ「誘惑論」も「空想論」のどちらも含まれており、これらの二つの考え方、あるいは立場を統合的にどうとらえるのかが重要になるといってよいでしょう。そもそも私たちは、ある出来事をビデオ・テープに録画するように受け取ったり、そのように記憶することはなく、自分の欲動や願望に基づいてその出来事を解釈して体験し、そのように記憶しているのです。しかも記憶は、自分の欲動、気分、文脈などに応じて一生涯絶えず再編されています。だから実際にはクライエントが述べることには、ある程度の現実に起こったことと、ある程度の欲動、願望、気分などに基づく空想が含まれており、「誘惑論」か「空想論」かという二者択一ではなく、「誘惑論」も「空想論」も視野に入れた統合的で相対的な理解をすべきなのです。

トラウマ論の展開

ジャネとフロイトという現代精神医学の創始者たちは、ヒステリーの病因として現実に起こった体験としてのトラウマへ注目したのですが、このような考え方はその後長いあいだ、忘れ去られてしまうことになります。

その理由の一つは、一九二〇年代よりアメリカで精神分析が広く受け入れられるようになるにつれてジャネの貢献が忘れ去られてしまったこと、さらにその精神分析はもっぱら精神内界を探求する空想論を発展させていったということがあげられます。第二には、精神分析が治療法としての催眠を放棄したということがあげられます。というのは、トラウマは催眠と、歴史的にも精神病理的にも深い関係があるからなのです。この他にもいくつかの理由があったのですが、とりわけ精神保健の領域で精神分析が主流となり、しかも精神分析は現実に起こったトラウマではなく内的・心理的世界に焦点を当てたことが最も大きな理由だったと考えられます。

このようにして一九二〇年頃より、トラウマ（あるいはトラウマに関連した精神障害）は、精神医学、精神分析学、臨床心理学といった精神保健の領域から、ほぼ消え去ってしまいました。トラウマが精神医学のなかで講義される唯一の例外は、戦闘に従事した兵士に生じる「シェル・ショック」や「戦争による疲労」についてだけでした。私と同じ年代のアメリカの精神科医の友人は、「自分たちが医学生の頃、精神医学でトラウマについて講義を受けたのは、戦争に関連して生じる精神障害について十五分ほどのほんの短いものでした」と言っていました。

このように忘れ去られていたトラウマ（およびトラウマに関連した精神障害）が再び注目を浴びるようになったのは、一九七〇年代頃からの社会的な運動が大きなきっかけとなりました。もっとも大きかったのは、女性解放運動が高まってきて、彼女たちの主張が社会に受け入れられるようになってきたことでした。弱者としての女性は、近親姦、レイプ、わいせつ行為などの性被害だけでなく、夫や恋人からの暴力被害など、多種多様なトラウマを受けてきたという長い歴史がありました。女性解放運動はこうした問題を正面からとりあげて、「性被害や暴力被害は、被害者の落ち度、失敗、問題などではなく、加害者の問題である」ということを強く主張し始めたのです。

「被害は、被害者の問題ではなく、加害者の問題である」というと、皆様は「それは当たり前のことであって、なにが新しい主張なのか」と思うかもしれませんね。しかし特に近親姦、性被害、家庭内暴力といったような人の手によるトラウマでは、被害者は例外なく、自分の落ち度、失敗、責任だと感じ、そのために強い自責感を持ってしまい、起こったことを誰にも話さずに秘密にするのです。たとえば性被害を受けた人は、自分の不注意のせいでこういうことが起きたのだと考えてしまいがちなのです。「暗い寂しい道なのに、タクシーに乗らず歩いて帰った自分に落ち度があったのだ」、「入口のドアにきちんと鍵をかけなかった自分がいけなかったのだ」などと考えてしまうのです。それだけでなく周りの人も親切心から「今度からタクシーに乗るのよ」とか、「ドアの鍵はしっかりと忘れずにかけるのよ」と助言してあげるのですが、被害者にとってはこのような助言は「やはり、自分に落ち度があったのだ」と受けとれてしまうのです。こうしたことは、近親姦、身体的虐待、家庭内暴力などでも同じことです。「自分の振る舞いがお父さんをその気にさせたのだ」とか、「自分が悪い子だからお父さんは自分を叩いたのだ」とか、「自分の気が利かなかったから夫が叩いたのだ」と被害者は感じてしまうのです。そして自責感を感じ、そのために人にうち明けたり、相談することができなくなり、一人で苦しむことになるのです。だからこそ女性解放運動の人たちが「性虐待、性被害、家庭内暴力といったような女性が受ける多くの被害は、被害者の落ち度ではなく、加害者の問題なのだ」と声高に主張し始めたことには大きな意義があったのです。「被害者は、自分の失敗だと恥ずかしく感じたり自分を責めるのではなく、受けた被害を声にして加害者を告発しよう」と呼びかけたのです。こうした社会的動きから、近親姦、性被害、家庭内暴力、犯罪被害を受けた人たちが、積極的に専門家の援助を求めるようになり、社会もそうした被害者たちを支援する活動を行うようになってきたのです。また女性解放運動の成果と一つとして、精神医学、臨床心理学、精神分析学といった精神保健の専門分野へ女性がより多く参入してきたということもあります。こうした女性の専門家に対しては、女性の被害者は自分の受けた被害をよりうち明けやすかったし、よりよく理解してもらえたであろうと考えられます。

同じように、黒人をはじめとした種々の民族解放運動、さらに子どもの人権運動といったこともあげられます。黒人やマイノリティーの人たち、あるいはまた子どもたちも、種々の暴力などの被害者になりやすかったのですが、そうした人たちの人権や権利を認めようとしてきたことから、彼らの受けたトラウマが注目されたのです。

同じようにトラウマが注目されるようになったことの一つは、ベトナム戦争から帰ってきた人たちの適応上の問題でした。ベトナム戦争から帰ってきた人たちのなかには、社会になかなか溶け込めず、適応できない人が多くいました。彼らが陥っている精神障害がどのようなものであるのか解明し、彼らに対してどのように援助や治療すればよいのかということが社会的な要請となっていたのです。ベトナム帰還兵についての調査や研究、あるいはまた治療といったことから、心的外傷後ストレス障害〔PTSD〕が明確にされ、アメリカ精神医学会の『精神疾患の分類と診断の手引き 第三版〔DSM—Ⅲ〕』に新たにこの障害がつけ加えられることとなったのです。

また一九七〇年代より一部の精神科医が多重人格性障害の心理療法に取り組むようになったこともあげられます。というのは、多重人格性障害の心理療法に取り組んだことから明らかになったのは、この障害に陥っているクライエントの九〇パーセント以上が性的虐待や身体的虐待といったような深刻なトラウマを体験しているということが明らかになり、ここでも精神障害にトラウマが大きな役割を果たしていることが注目されたのです。

一九七〇年代より精神分析もまた、フロイトは「誘惑論」をなぜあれほど大急ぎで放棄したのであろうか、あるいはなぜ、トラウマという現実に起こったことに焦点を当てなくなってきたのであろうか、ということを問うようになってきました。「誘惑論」は追求されていったのであれば大きな成果が得られたに違いない有益な理論であったのに、フロイトはそれを発表した翌年に自分で否定したのでした。こうした問いを発したのは、マッソン、バルマリ、クリュルといった人たちでしたが、彼らは共通してフロイトが「誘惑論」を放棄したのは学問的理由からというよりももっと個人的な理由からではなかったのだろうかとしています。

こうした多くの動きからトラウマは、精神医学、精神分析学、臨床心理学といった精神保健の領域でますます注目されるようになり、多くの患者の心理学的理解や心理学的援助にトラウマという概念が重要な役割を演じるようになってきたのです。

トラウマから生じる精神障害とトラウマの及ぼす影響

トラウマは種々の精神障害の発症要因となりますが、特に関連が深い精神障害としては、「心的外傷後ストレス障害〔PTSD〕」と「解離性障害〔Dissociative Disorder〕」があげられます。

心的外傷後ストレス障害は、前に述べたようにベトナム戦争帰還兵の臨床的研究から明らかにされたものですが、それ以外にも、たとえば種々の虐待、レイプや暴力といった犯罪被害、家庭内暴力、さらには地震、台風、津波といった自然災害による被害といったようなトラウマからも心的外傷後ストレス障害が引き起こされることが明らかにされてきました。いまやトラウマを受けると心的外傷後ストレス障害が生じやすいというのは、多くの人の常識とさえなってきており、マスコミでもしばしばとりあげられるほどです。

解離性障害の発症要因としてトラウマが大きな役割を果たしているということは、主に多重人格性障害からの臨床的研究からでした。多重人格性障害に陥っている約九〇パーセントものクライエントが、性的虐待や身体的虐待などを体験していたり、レイプなどの性被害を受けたことがあるというのです。

この他にも、境界例、摂食障害、非行といったことにもトラウマが重要な要因となっていることが明らかになってきています。

しかし、トラウマを体験した人がすべて精神障害や不適応に陥るわけではありません。たとえば、もっとも過酷と考えられる幼児虐待を長期にわたって受けてきた人であっても、それほど目立った精神障害や不適応に陥ることなく生活を維持できている人もいます。また逆に、トラウマを体験すると生じやすいとされている精神障害（たとえば解離性障害や境界例など）であっても、心的外傷後ストレス障害は別として、その発症要因として必ずトラウマを体験しているとも限らないのです。このようにトラウマの及ぼす影響は、単純に原因と結果としてだけでは考えられないことに注意する必要があります。単純な因果関係でとらえようとすると、しばしば診断や心理療法で重大な弊害が生じてしまうことにもなるのです。

トラウマはまた、心的外傷後ストレス障害、解離性障害、境界例といった精神障害を引き起こす可能性があるだけでなく、それを体験した人その人全体、つまり身体、神経系、パーソナリティ、価値観、対人関係、生き方などその人のすべての領域にわたってダメージを及ぼすこともあるのだということを知っておくことも大切です。身体の病気にたとえると、トラウマは全身の不調を生じさせるのであり、たとえばおできができて化膿したといったような部分的な不調を生じさせるだけに留まらないのです。このことは特に、心理療法を行うときのイメージとして重要でしょう。おできの「膿」を出してしまえばトラウマは解決するのだとイメージするのは、大変危険なことになるでしょう。

このようにトラウマの影響は幅広いものですから、心理療法にあたってはトラウマだけに対処すればよいということでは決してありません。あくまでもトラウマを体験した人が、対象なのです。

トラウマという概念の意義

それでは、トラウマという概念を導入することに、どのような意義があるのでしょうか。まず第一に、これまでにも述べてきたことですが、トラウマという概念を用いると、これまで不鮮明だったことがより鮮明になる、よく解らなかったことがよりすっきりと解るようになるということに意義があります。心理療法でもっとも重要なことは、クライエントの内的体験世界をより深く解ることなのですが、トラウマという概念で考えてみると、クライエントその人がより具体的に深く理解できるようになるのです。トラウマという概念がなかったときには、トラウマという過酷な体験をしてきた人たちの内的体験世界がもうひとつはっきりしませんでした。だからトラウマという概念は、パズルでいえば重要なピースのようなものであり、そのピースを入れてみると全体が「なるほど、そうなのか」と非常によく解るようになるようなものなのです。

たとえば先ほどあげたように、私がドアを閉めながら《白衣を着ていないけれども、大丈夫ですか?》と尋ねただけで恐怖の発作が起きたのは、「トラウマ」や「フラッシュバック」という概念を理解していないと、何が起こったのか全然わからないのです。このような概念があってはじめて「なるほど、いまここで起こっているのはこういうことなのか。彼女の頭のなかには、ご主人からぐしゃぐしゃに叩かれたあのときのシーンがまざまざと甦っているのか」と理解できるわけです。

若いお医者さんが高校生のクライエントと部屋に二人きりになった途端、クライエントの意識状態が低下するのも、「彼女の頭のなかは、性被害を受けたシーンに侵入されているのだ」と解れば、そこで起こっているのがどのようなことか理解できることになります。心理療法家がクライエントの内的体験世界を理解することができることで、クライエントは安心感を取り戻し、もう一歩前に進めるようになるものです。トラウマという概念には、こうした意義があるわけです。

次に、トラウマという概念は、心理療法家のクライエントへの見方や態度にある種の転換を引き起こすということがあげられます。これは臨床的に重要なことですが、クライエントの精神障害や不適応の発生要因としてトラウマがあるということが解ると、私たち心理療法家は、より共感的、より同情的、より援助的になれる自分自身を発見しやすいのです。このことが、トラウマという概念の第二の意義です。

たとえば最近明らかにされてきたことですが、思春期の性非行を行う女子学生や性産業に従事している女性のなかには近親姦や性被害を受けた人が少なからずいるということです。あるいはまた暴力を振るう非行少年のなかには、身体的虐待を受けてきた人もいるということです。私たち心理療法家はこれまで、性非行を行う女子学生、性産業に従事する女性、あるいは暴力を振るう非行少年に対しては、ともすれば反発を感じて拒否的になったり、ネガティブな対応をしがちでした。「いったい全体、何を考えているのだろうか」とか、「どうして自制できないのか」といったように感じ、彼らの言動を批判しがちでした。しかし彼らが過酷なトラウマの被害者であり、彼らの性非行や性産業への従事、あるいは暴力といった非行が、トラウマを克服しようとする懸命な努力であるということが解れば、私たち心理療法家は、彼らの述べることをより真剣に聞き、より共感的で支持的になり、もっと彼女や彼らの立場に立って彼女や彼らがやっている行動のプラスの側面を見るようになってくるのです。

同じことは、境界例のクライエントにも言えます。というのは、彼らのなかにも種々の虐待を受けている人が多くいることが最近になり明らかになってきたからです。境界例のクライエントの心理療法は難しく、心理療法家はいつも我慢の限界を試されるようになり、しばしば心理療法を続けることが本当に辛くなってしまうことがよくあります。心理療法家がとても困るようなことを面接室の内だけでなく外でもどんどんやり、心理療法家はどうしようもできないほど腹が立ったり、まったくの無力感に陥ったりして、困ってしまい、ついには「なぜ自分はこんな人の心理療法をしなければいけないのだ」という程までになってしまうことも稀ではありません。しかし彼らも酷い虐待を生き抜いてきているのだということがわかれば、私たち心理療法家も彼らに対してもっと忍耐強くなり、援助的になろうとするものです。

アメリカ社会では暴力が蔓延しており、幼児虐待も非常に多く発生します。メニンガー・クリニックに見学に行った日本人がそこのお医者さんに「入院している患者さんのうち、虐待を受けている人は何パーセントいるのですか?」と質問したところ「百パーセントですよ」と言われてびっくりした、という話を聞いたことがあるほどです。日本ではまだそこまで幼児虐待は多くはないのですが、それでも徐々に増加してきており、さらに性犯罪や暴力犯罪といった犯罪被害も増加してきており、トラウマとなる出来事はいまや誰でも直面する可能性があるようになってきています。

性非行の女子学生、性産業への従事する女性、暴力を振るう非行少年、境界例といった人たちのなかには、幼児期に虐待を受け、そのような辛い体験をこのような行動で何とか乗り越えようとしていると理解できる人もいるのですが、虐待といったような多くのトラウマ体験は、繰り返されるのが特徴です。父親にひどく殴られて育てられた子どもは、思春期になって体力を得ると、今度は自分が人を殴るというようにしてトラウマを繰り返すのです。これとは逆に、受けた被害をまた違う人とのあいだでも繰り返して受けるということもよく見られることです。たとえばアルコール依存症で身体的な虐待をする父親に育てられた女の子が、成人してから意識的には避けようとしてきたアルコール依存症で暴力を振るうような男性と結婚するといったように、トラウマが繰り返されることもよくあることです。こうした理解もまた、トラウマを受けた人の心理療法では大切な鍵となってくるものです。

このようにトラウマという概念の意義は、まず第一に、クライエントの内的体験世界の理解を深める鍵になるということにあります。トラウマという概念、あるいはトラウマから生じる種々の問題が解明されていなかったときには、私たちには過酷なトラウマを体験してきたクライエントを適切に理解できなかったのです。

トラウマという概念の第二の意義は、私たち心理療法家のトラウマを受けたクライエントへの観点や態度がよりポジティブな方向に変わるというところにあります。クライエントはトラウマの被害者であるということが深く理解できれば、私たち心理療法家はクライエントに対してもっと共感的、もっと同情的、もっと支持的、あるいはまたもっと優しくなってくるのです。そうなるとクライエントと心理療法家のあいだにはよりよい関係が生まれやすくなり、良い循環が生じるようになってくるでしょう。

偽りの記憶症候群

このようにトラウマという概念は、トラウマを受けたクライエントを援助していくうえで重要な意義をもっています。しかしトラウマを受けた人の援助については、「この人がトラウマを受けているのだ」「トラウマを受けた人を対象にしているのだ」ということを忘れてはいけません。トラウマという出来事だけにとらわれてはいけないのです。

しかし心理療法家やクライエントは、ともすればトラウマという出来事だけに過度にとらわれてしまいがちになってしまうことがよくあるのです。そして精神障害や不適応の原因はトラウマにあると最初から誤って信じ込み、トラウマを探し求めようとしたりすると、偽りの記憶症候群ということさえ生じてくることもあります。

偽りの記憶症候群は、虐待を受けたことがないにもかかわらず「虐待を受けた」という誤った記憶を強く信じるようになり、その人の適応的行動を阻害している状態です。このような偽りの記憶症候群は、クライエントや心理療法家がトラウマということに過度に囚われることから生じてきます。たとえば心理療法家が前もって「クライエントの問題は虐待から生じており、虐待を受けたという記憶がないのは、虐待を受けている証拠である」などと誤って強く仮定していたり、逆にクライエントが「自分がこんなに苦しいのは、小さいときに性的虐待を受けたに違いない」と決めてしまうことから、偽りの記憶が発生する可能性があるのです。

偽りの記憶症候群は、最近になってアメリカで問題となってきていることです。いまや成人となった子どもたちが「幼児期に自分たちを虐待した」ということで親を法的に訴えるようになったのですが、親は子どもを虐待をしたとは決して思えないのです。そのために訴えられた親たちは、虐待をしたことがないのに「虐待をされた」という記憶を誤って子どもに植え付けた、精神科医、精神分析家、心理臨床家を訴えるようになってきたのです。

親は虐待をしたことがないと主張し、子どもは虐待を受けたと主張します。さらに子どもは「長いあいだ忘れていた虐待を受けた記憶を思い出した」と主張し、その記憶を強く信じているのです。私たちの記憶は、どれほど正確なのでしょうか。体験したことがないのに「体験した」という記憶をはたして作り出すことができるのでしょうか。あるいはまた、たとえば虐待といったような強烈な体験を忘れ去ってしまうということがあるのでしょうか。こうしたことについては、さらに実験や臨床的な検討が続けられているのですが、これまでの報告や臨床経験からすると、虐待などの体験が一定期間忘れ去られているということはどうもあるようです。しかしだからといって、「虐待を受けている」ということを最初から決めて心理療法を始めることは、ひどく間違ったアプローチと言わざるをえません。たいへん残念なことですが、このようなアプローチをしている専門家がいないわけでもないのです。トラウマに囚われてしまい、いってみれば「ともかくトラウマを探せ」ということになってしまうと、偽りの記憶症候群さえ生み出すことになってしまいます。トラウマは、無視してはいけないけれども、囚われてもいけないのです。

トラウマを受けたクライエントへの心理療法

それでは、トラウマを受けたクライエントへの心理療法は、どのように進めればよいのでしょうか。

多くの専門家は、「トラウマとなった出来事を思い出し、それを話すことで再体験し、それに伴う情動を充分に解放し、そうした後にトラウマとなった出来事を自分のなかに統合することが重要である」と述べています。あるいはまた「トラウマとなった体験を過去の物語にすることである」と述べる専門家もいます。このような心理療法の進め方は、トラウマへ正面から取り組むものであるので「トラウマへの直面アプローチ」と言ってもよいでしょう。

私自身も、トラウマという概念を学び始めた頃には、このような「トラウマへの直面アプローチ」で進めていました。しかしこのアプローチは、トラウマそのものに過度に集中するものであり、ややもすると、私たちが対象としているのはトラウマを体験した人であるということを忘れがちになってしまうのではないか、と反省するようになってきました。トラウマを受けた人は、単にトラウマを受けただけではありません。基本的信頼感を失ったり、安全基地がなくなったり、自尊心が低下したり自己への信頼感がなくなったり、対人関係が歪んだりと、実に多くの領域でさまざまな影響を受けて苦しんでいるのです。ですから、こうした人たちが基本的信頼感を取り戻したり、自尊心を再び獲得したり、友人や恋人ができたりといったように、人として成長できるように援助することがもっと必要ではないだろうかと次第に考えるようになってきました。このような心理療法の進め方は、「成長促進アプローチ」と言ってもよいのではないでしょうか。

トラウマを受けたクライエントへの心理療法には、このように「トラウマへの直面アプローチ」と「成長促進アプローチ」という大きく二つが考えられるのですが、実際の臨床場面ではこの二つのアプローチを、クライエントの状態や能力に応じてどのように組み合わせるかということになるのではないでしょうか。しかしこれまでは「トラウマへの直面アプローチ」があまりにも安易に用いられてきたように思われます。たとえば、あるクライエントが幼児期に性的虐待を受けていたような場合、ややもすると、注意深く考慮することなく性的虐待そのものに焦点をあてて、それを取り扱おうとしてきた傾向があったようです。しかしトラウマを直接とりあげて扱っていくのがいいのか、それともその人自身が成長できるように関わる方がいいのかは、非常にデリケートな選択になるのではないでしょうか。

ヴァンダーコークは、心理療法でトラウマを甦らせることが必ずしもプラスの効果だけを生むわけではないということについて、次のように述べています。「トラウマ記憶を表出させ、徹底操作し、さらに慢性的影響を統合する……個人心理療法も、催眠療法も、集団療法もすべて、この目的のために編み出されたものである。ただし、トラウマの記憶を甦らせることは、必ずしも解決につながるとは限らない。トラウマ体験を掘り起こしても単に恐怖を甦らせるだけで、恐怖の解消にならない場合もある。トラウマを充分に統合できない患者さんはたくさんいるのです」。このようにトラウマを解決しようという意図で始められた心理療法が、かえってクライエントの恐怖を強めるだけに終わってしまうということもあるのです。

シュムールという人は次のような研究を報告しています。それは、ベトナム戦争復員兵で心的外傷後ストレス障害（PTSD）に陥っている患者さんを二つのグループに分けて、一つのグループにはベトナムでの戦闘で受けたトラウマ体験に焦点を当てた心理療法を実施しました。もう一つのグループに対しては、現在直面している日常生活における問題を中心にした心理療法を実施したのです。そしてどちらの心理療法が有効であったのか測定したところ、二つの心理療法の進め方に差がなかったのです。これは前に述べた「トラウマへの直面アプローチ」と「成長促進アプローチ」になるわけですが、この二つのアプローチによる効果に差がないということなのです。

ここで再度強調しておきたいことは、トラウマを受けたクライエントへの心理療法には、「トラウマへの直面アプローチ」と「成長促進アプローチ」という二つがあり、それらをどのように選択して組み合わせていくかということが大切であるということです。「トラウマを癒す」ということがよく言われていますが、私の経験からでは、「トラウマを癒す」ということはそれほど簡単ではないし、そんなことは滅多に言えることではないというのが実感です。

トラウマ論への批判と今後の発展

これまで述べてきたように、トラウマという概念やそれから発展してきたトラウマ論は私たちに多くのことを教えてくれたし、臨床実践を豊かで実り多いものとしてきており、いまではトラウマという概念やトラウマ論は精神保健の分野で一定の地位を占めるようになってきたといってもよいでしょう。しかしながら、こうしたことがさらに有益なものとして発展を遂げていくためには、この概念や理論のもつ問題や混乱を生む可能性について批判的に考察しておくことも必要となってきます。

現代精神医学が誕生した十九世紀末から二十世紀初頭にかけて、ジャネとフロイトという代表的な臨床家はヒステリーの病因としてトラウマが大きな役割を果たしていることを強調しました。しかしこのような考えは、一九二〇年代より消え去ってしまい、ほとんど注目されることがなくなってしまいました。振り子が大きく逆の方向に振れたのでした。しかし一九七〇年代頃より、種々の精神障害の発症にトラウマが大きな影響を及ぼしていることが再度注目されるようになってきたのです。振り子が、旧の方向に再度大きく振れたといってもよいでしょう。しかし最近の動向を見てみると、振り子は過度に大きく振れ過ぎてしまっていると言ってもよいのではないでしょうか。そのために、トラウマという概念や理論があたかもすべてを解決する鍵であるかのように考えられたり、たとえば「偽りの記憶症候群」に代表されるように、トラウマという概念が不適切にも病因として最初から仮定されていたりするといったことが起こっているのではないでしょうか。またトラウマという言葉は、いまではマスコミや一般の人が用いる日常用語にさえなってきており、この概念は今や曖昧なものとなってきてもいます。同じことは「心的外傷後ストレス障害」や「解離性障害」にも当てはまり、あまりにも安易にしかも誤っても心的外傷後ストレス障害や解離性障害と結論されたり、あるいは診断さえされたりするようになってきています。トラウマという概念、心的外傷後ストレス障害や解離性障害といった精神障害は、もともとそうであった適切な位置に再度戻すことが必要ではないでしょうか。

第二にトラウマという概念が、原因と結果という単純な因果論的で直線的なものとして理解されやすいということがあるのではないでしょうか。「原因はトラウマである」と前もって仮定したり、決めつけたりすると、クライエントをひどく誤って理解をすることになり、心理療法に重大な悪影響を及ぼすことになってしまいます。あるいはまた、トラウマということに過度に注目したり、トラウマということですべてがわかったような気になってしまうと、重要なところが見落とされてしまいます。トラウマは、その人の存在そのものに影響を与えるものです。基本的信頼感、愛着関係、自尊心、パーソナリティの発達、対人関係、価値観、生き甲斐など、あらゆる領域が強い影響を受けるのです。

第三には、成田善弘先生の意見に代表されるように、トラウマという概念による援助は、外罰的態度を強化するだけになるのではないだろうかという批判があげられます。成田先生はこのことについて次のように書いています。「心的外傷論はつきつめていくと、外傷体験、つまりトラウマ体験のような悪い出来事さえなければ、患者は病に苦しむこともなかった。無事にうまく育っていたはずだということになる……無垢な自己と悪しき外界という図式が作り出されてしまえば、自己を内省し、自己を変革する必要はなくなり、他者を糾弾することこそ必要だということになる」。

前に述べたように一九七〇年代に女性解放運動は、「被害は被害者の落ち度や失敗などから生じたのではなく、加害者の責任である」と強く主張しました。またトラウマの被害者は、ほぼ例外なく「自分の所為でこのようなことが生じた」と強く自責的になってしまうのだと説明しました。こうしたことから、トラウマを受けた人への心理療法は「それはあなたの所為で起こったのではありません」ということを理解させることが第一のステップであると強く主張し、そのように実践する心理療法家もいるようです。ともかくすべてのことに「それはあなたの所為ではありません」と説得しようとするのです。こうしたアプローチは、確かに成田先生の指摘するようにクライエントの外罰的態度を強めるだけであり、内省や自己理解に導くものではないでしょう。しかしトラウマを体験した人はほぼ例外なく、「自分の所為で起こったのだ」と常に強い自責感に陥っており、このような誤った認知を修正することがこうした人たちの心理療法では大きな課題となってくるというのもたしかです。たとえばエーレンバーグは、近親姦の被害者は「虐待的な関係における責任や罪悪感は、本人がたとえどのような役割をはたしていようとも虐待をする大人にあるのだということが心底解るように援助される必要がある」と述べていますが、こうした洞察は必ずしも外罰的な態度を強めたり、自己変革を必要のないものとするわけでもないのです。

このように誤った自責感という認知的な歪みを修正することは、トラウマを受けたクライエント心理療法では中核的な作業となるのですが、だからといって成田先生が批判するように「自己を変革する必要はなくなり、他者を糾弾することこそ必要だ」という態度をクライエントに植えつけようとするものであってはならないのです。自分の責任で自分の人生を生き、自己変革をするという自己の責任を軽く見るわけにはいきません。

成田先生のこのような批判もしかし、トラウマだけに焦点を当ててトラウマを受けた人を見ていないときには当てはまるかもしれません。ここでもやはり、トラウマだけに囚われることの弊害が示されているように思われます。しかし基本的に自分自身の人生の責任は、自分にあるのです。自分の人生を変えることができるのは、自分です。このように誰でも自分の人生に自分で責任を持たなければならないというのは、トラウマの心理療法でも同じです。トラウマを受け、その体験をこころに持ちながら、人生をどのように生きていくのかは自分の責任なのです。

前に述べたように、振り子はトラウマという方向へ再び強く振れたのです。しかしこのことは、単にジャネやフロイトの初期の考えに戻っただけではないのです。この一世紀のあいだに精神分析、精神医学や臨床心理学などの精神保健のすべての領域は飛躍的な発展が遂げられています。したがって振り子が再びトラウマ論に大きく振れたとしても、そこでは、この間に発展した新しい理論とどのように統合するかということが問われているのです。言い換えれば、「トラウマ論」と、フロイトやフロイト以降の精神分析で発展させられた「空想論」あるいは「精神内観論」をどのように統合してゆくことができるか、ということが今後の発展をもたらすことになるのです。先にトラウマを受けたクライエントへの心理療法として「トラウマへの直面アプローチ」と「成長促進アプローチ」の二つがあると言いましたが、この二つのアプローチを統合するということも同じことです。トラウマへの過度の囚われから、自由になることが求められているのです。

まとめ

私がここで伝えたかったことを、もう一度簡単に申しますと、まずトラウマという概念は、古くて新しいものであり、これまで私たちがうまく理解できなかった精神障害、不適応、問題行動、臨床場面での出来事などを明らかにしていくうえで有益なものとなってきました。またトラウマという視点によってトラウマを受けてきたクライエントへ接するとき、私たちは彼らにより共感的、より支持的、より同情的になり、彼らの言動を、自分の受けてきたトラウマを克服しようと努力してきているとのだと、よりポジティブな側面を見るようになり、このような態度は心理療法をより効果的に進めるものとなります。

しかし逆に、トラウマに囚われてしまい、トラウマを受けた人を忘れてしまうと、種々の弊害が生じ、心理療法もうまく進展しなくなるでしょう。

トラウマ論の今後の発展は、トラウマ論とこの約一世紀の間に蓄積されてきた精神分析論や精神保健の領域での成果をどのように統合するかにかかっていると言ってよいでしょう。心理療法でも「トラウマへの直面アプローチ」と「成長促進アプローチ」をどのように統合するかが課題です。トラウマ論は、刺激→反応論ではないのです。トラウマ論は、あくまでも刺激→個体→反応論でなければならないのです。

質疑応答

一丸　いま思い出したことがあるので、補足させてください。

私には叔父がいたのですが、その叔父が突然心臓発作で死んだときのことです。私は、葬儀にいったのですが、その叔父さんの奥さんは、私にその日に何があったのかを朝から順番を追って詳しく話してくれたのです。それは一方的な話し方で、私の質問や返事などを決して求めていないような話し方でした。その後しばらくして気がついたのですが、叔母さんは来る人来る人にその日の叔父さんの言動を一言一句同じ言葉で繰り返し繰り返し話しているのです。それはまるで、テープ・レコーダーを聞いているようなものでした。その様子を見ていてだんだんと理解できたのは、叔母さんはそのように同じ話を繰り返すことで、急激な夫の死というショッキングな体験を克服しようとしていたということです。

同じような経験をその後も数回することがありましたが、ショッキングな体験は、このように何回も何回も繰り返して話していくことでだんだんと薄れていき、気持ちが楽になっていくもののようです。しかし繰り返して話すことでも、繰り返すだけでは軽くならないし、解決もせず、かえって絶望感や恐怖感が強くなってしまうこともあるようです。それがトラウマを受けた人への心理療法の難しいところといってもよいでしょう。

＊＊＊＊＊＊　　＊＊＊＊＊＊　　＊＊＊＊＊＊

質問　いま私は、中学三年の不登校で引きこもっている男の子の母親のカウンセリングをしているのですが、「小学一年生のとき担任の先生に、自分が盗みを働いたと濡れ衣を着せられた。それで人間不信になった」ということで不登校や引きこもりを続けていると言うのです。それから九年経つのですが、そのことがずっと引っかかっていて、学校に行けないということなのですが、よく聞いてみると、兄弟のものをこっそりと盗んだりとか、親のお金を盗んだりとか、そうしたことが現実にあったようです。今日、一丸先生のお話をお聞きして、トラウマが繰り返されているのではないかと思いました。

それでお伺いしたいことですが、お母様方が中三の男の子がそういうことをしているのを発見した、あるいは事実はないけれども、そういうクレームが他の兄弟や子どもたちから聞かれた場合、母親としてはどう対応したらよろしいのでしょうか。

一丸　これは、今日私が話したことを明確にさせるためには、とてもよい例ではないかと思います。確かに小学校一年生のときに、やってもいない盗みの犯人にさせられた、濡れ衣を着せられたということは、本人にはとてもショッキングなことだったでしょうし、先生、あるいは学校に対する基本的信頼感が根底から覆されたに違いありません。しかしそのことから、この出来事をすぐにトラウマと考えて、すべてはそのトラウマのせいだと早急に結論してしまうことには注意が必要です。その後に実際に盗みをしてしまっているということは、先生がおっしゃるようにトラウマが繰り返されているという可能性があるのかもしれませんし、その他の可能性、たとえば母親から愛情を得たいとか、兄弟への敵意、競争心、嫉妬といったことがあったのかもしれません。ですから、最初からトラウマとそれが繰り返されていると決めてしまうのではなく、より大きな立場から考えて見られるようにお勧めしたいと思います。その上でその後に行われている盗みがトラウマの繰り返しである可能性が高いようでしたら、先生からそのような方向でお母さんとしっかり話し合ってみることです。先生に、トラウマという概念やそれが繰り返される傾向があるという視点があることが決定的に重要なことです。

＊＊＊＊＊＊　　＊＊＊＊＊＊　　＊＊＊＊＊＊

質問　本日のお話のなかで、「トラウマを因果関係として考えないほうがいい」とお聞きしました。「トラウマは全身に影響を及ぼす」と私も思っているのですが、原因と症状という関係を考えないほうがいい、というのが少しよくわかりません。ＰＴＳＤも鬱病とか、強迫性障害とか、パニック障害などの精神障害と関係すると、本には書かれているのですが、その辺はいかがでしょうか。

一丸　まず第一に私が言いたかったことは、「原因はトラウマ、結果はこの症状」というように単純な因果関係で理解してしまうと、もっと重要なことが抜けて落ちてしまうということです。もっと重要なことというのは、過酷なトラウマを体験した人は、ＰＴＳＤとか解離性障害といった精神障害だけではなく、基本的信頼感が失われたり、自尊心が低下したり、パーソナリティの発達が歪んでしまったりといったようなことですが、こうしたことに注意が行かなくなってしまうのです。だから、「トラウマを体験したからこのような症状が出てきた。これで全部わかった」と考えるのはとても危険ですし、トラウマを体験するといろいろな領域でいろいろな深刻なダメージが生じるので、トラウマを体験したその人全体をもっとよく見て、もっとよく考えることがクライエントの役に立つということを言いたかったのです。

またご質問にあるようにＰＴＳＤは、解離性障害、身体化障害、転換性障害など、種々の精神障害と同時に生じることもよくあるというのが実際です。

＊＊＊＊＊＊　　　　＊＊＊＊＊＊　　　　＊＊＊＊＊＊

質問　「トラウマばかりにとらわれていると、大きなものが見えなくなる」と、一丸先生はおっしゃいましたが、今日では、トラウマがとても注目されています。成長していく過程で虐待を受けたことを訴えてくる人も多いと思うのです。「自分にはそれがとても辛かった」とセラピーで訴えられたとき、一丸先生はそのことに対して具体的にはどのように扱っていくのでしょうか。あるいは取り扱わないのでしょうか。

一丸　クライエントが面接で「虐待を受けてきて、それがとても辛かった」と話すようであれば、私はそのことをしっかり聞きたいと思います。しかし、その先どのように進めるかということになるとお話ししたように二つの立場があります。第一の立場は、トラウマに焦点を当てて、トラウマとしっかりと正面から取り組むというもので、「トラウマへの直面アプローチ」と名付けたものです。トラウマが注目され始めた頃、一九七〇年代、八〇年代には主に、多くの人たちがこのようにトラウマに正面から取り組むという方法でしたし、私自身も初期にはそのような取り組みをしてきました。

これに対して第二の立場は、トラウマに取り組んで、それを解消していこうというよりも、トラウマを受けた人その人の成長を促そうという「成長促進アプローチ」と名付けたものです。もちろんこの立場でも、トラウマを無視するものではありませんが、しかしトラウマに囚われてしまうことがないアプローチです。最近の私の立場は、このアプローチに近いものです。

ですからご質問に対しては、私はトラウマは無視しないし、深刻な体験として受け取るでしょうが、それだけには囚われないようにこころがけているということです。しかし、トラウマを、どのようにどの程度取り扱うのか、あるいは取り扱わないのか、あるいは実際に面接でクライエントがトラウマについて話し始めたときにどのように対応するかは、未だに試行錯誤を続けているというのが現状です。

＊＊＊＊＊　　＊＊＊＊＊　　＊＊＊＊＊

質問　トラウマの治療法として個人療法と集団療法があると思います。お話をお伺いしていると、集団療法の方が効果があるように感じたのですが、その辺はいかがでしょうか。

一丸　トラウマを受けた人への心理療法には、おっしゃるように個人療法と集団療法があり、確かに集団療法は非常に重要です。特に人の手によるトラウマ、たとえば種々の虐待、レイプや暴力被害などの犯罪被害、事故の犠牲者、いじめといったトラウマを体験した人は、人を再度信頼したり、人と関わり合うことが欠かせないので、そのためにも集団心理療法が役に立つものです。しかし、集団療法に参加するための準備が必要な場合もよくあり、また集団療法でかえって傷つく人もいたりすることがあるので、注意深く進めることが必要でしょう。私自身は、トラウマを受けた人に対する集団心理療法をやったことがないので、これ以上のことはわかりませんが、大変役に立つのはまちがいないでしょう。また情報としては、「交通事故で家族を亡くした人たちの会」、それはどうやら民間で自主的に作られた自助グループのようですが、そのような自助グループがあるということを聞いたことがありますし、それは大変うまく機能しているということです。

＊＊＊＊＊　　＊＊＊＊＊　　＊＊＊＊＊

質問　トラウマの話で、クライエントの話を聞かせていただくと、「このときに親がこうやったから、こうなったのだ」

とか、「クラスで仲間からイジメにあったから、こうなったのだ」とか、他人に転換するとか、人生においてそういう考え方をする方が多いと感じております。「自分の人生に責任を持ちなさい」という考え方は確かに大事だし、その人が今後成長していくのにはとても大切だと思うのですが、このようなときに具体的にはどのような言葉かけを行ったらよろしいのでしょうか。

一丸　先ほどお話ししましたように、成田先生がトラウマ論を批判されたのは、まさにそのことなのです。「父親が悪かった、母親が悪かった、先生がひどかったなどなど」と他者を責めるだけでは、その人自身になんの進歩も望めないのです。

しかし実際にはトラウマを体験した人にお会いすると、彼らはほぼ例外なくその逆に「自分の所為でこうなった。自分が悪かった。自分の落ち度であった」などと自分を責めるのです。「他者の所為だ」と主張することはまずありません。そこでこのような誤った自責感に対して、どのようにアプローチするかが最初の課題になってくるのですが、心理療法家のなかにはクライエントの誤った認知を正そうとして「あなたの所為ではない。あなたが悪かったのではない」と言う人もいるかもしれません。しかしこのことは、「他者を責めればそれでよい」ということにはならないのです。心理療法の課程で、「確かに自分が虐待を受けたのは、自分の落ち度や責任からではなかったのだ」と深く認識することは重要なことですが、そのことからすべてを「他者への責任」として自分の人生を自分で責任を取らないということにはならないのです。

ご質問のように、「このときに親がこうやったから、こうなったのだ」とか、「イジメにあったから、こうなったのだ」とかいったように最初から他者の所為にする人たちも多くいるのも確かですが、私の経験ですと、そのような他罰的な人が必ずしもトラウマの被害者であるとは限らないように思うのですが、いかがでしょうか。

******　　******　　******

質問　一丸先生はいままでたくさんのクライエントに出会い、カウンセリングをされてきたと思いますが、今日お話に出てきた三十代の女性がトラウマを受け、そのような体験に受け身的に侵入されて、パニックになり、恐怖の顔になったとき、どのようなお声かけをされたのでしょうか。そのときは看護婦さんに来ていただいたそうですが、それ以外にどのような対処方法がありますでしょうか。

また、阪神淡路大震災のとき子どもたちが地震ごっこをしたという話がありました。トラウマの繰り返しということで、それが子どもたちにとってプラスになる面とマイナスになる面について、具体的に教えていただけますでしょうか。

一丸　まず最初の質問についてですが、恐怖で一杯になった女性に対して、私はなにもできませんでしたし、なにも言うことができませんでした。というのは、「いったい彼女のこころのなかに何が起こっているのだろう」という疑問でいっぱいで、なにも理解できていなかったからです。唯一言えたことは、看護婦さんに戻っていただいて「看護婦さんと二人ならば大丈夫ですか」ということです。クライエントが、「それなら、いいです」ということで、患者さんが話に乗ってきてくれました。これが私にできた唯一の言葉かけでした。

この女性とのその後の心理療法の経過では、それからずっと五、六ヵ月間は、看護婦さんと三人で面接をしておりましたが、その後、「もう一人で大丈夫です」ということで二人で面接できるようになりました。

いま同じような状況に出くわしたとしたら、運が良ければ「フラッシュバックが起こっているのだな」と理解できるかもしれませんが、どのように言葉がけすることができるのでしょうね。「そこに誰か見えていますか」とか、「怖かったね」と言うかもしれませんが、それはちょっとわかりません。

二番目の質問ですが、阪神淡路大震災のときに子どもが地震ごっこをしたということは新聞でも報道されていましたから、皆さんもよくご存じのことだと思います。このような遊びのプラスの面とマイナスの面ということですが、プラスの面としては、自分のした恐怖の体験を遊びで表現しているということがあげられます。トラウマの体験を表現するということは、トラウマに直面してなんとか克服しようとしているのですから、遊びとはいえ子どもは重要なことをしているといってよいでしょう。逆にマイナス面としては、かえって恐怖が強くなったり、囚われてしまったりすることではないでしょうか。いずれにしても地震ごっこは、子どもたちが地震というとても恐ろしい体験を何とか乗り越えようとしているのだなと理解することが大切であると言ってもよいでしょう。

******　　******　　******

質問　先ほど自助グループの話が出ましたが、ＤＶや性被害にあわれた人は自助グループへの参加とカウンセリングの両立でサバイバーになっていただきたいと、私は常々思っています。自助グループの中でファシリテーター的な役割をする人と、個人心理療法家をする人の立場とか、その違いを教えていただけますでしょうか。

一丸　ＤＶや性被害にあわれた人には、自助グループがとても役に立つということはよく知られていることです。いまから五年程前に私は、二年続けて主にニューヨーク市とワシントンＤ・Ｃに行って、犯罪被害者を支援するセンターの活動を調べたことがありましたが、私が訪れたすべての支援センターでは、自助グループ活動をやっていました。特にＤＶの被害者の人たちには、グループによる援助が欠かせないと主張していました。しかしこうした施設では、どちらかというと個人心理療法をあまり信用していないような印象を受けました。逆に性被害を受けた人たちなどへ個人心理療法を行っている人たちは、グループ活動を重視していなかったようです。

それぞれに自分が行っている援助を大切だとするのは納得のいくことですが、しかし第三者的に見ると、自助グループや集団療法と個人心理療法の二つが、相補うようになればよいのだがなぁと思えます。ご質問の自助グループ、集団心理療法、個人心理療法といったいろいろな心理療法の立場には、それぞれに特有な理論や技法があり、ここで私が説明をする範囲を超えていますので、それぞれについて書かれている本を参考にして頂ければと思います。

心理臨床における表現療法

山中康裕

はじめに
なぜ表現療法か
絵画療法の始まり
臨床現場における表現療法
おわりに

はじめに

まず初めに、表題に「表現療法」という言葉がありますが、大多数の人たちは、そのようなものは聞いたことがないと仰るのではないでしょうか。それもそのはずで、表現療法という名前で言いだしたのはこの十年ぐらいで、しかも言い出しっぺは私なのです。

ただし、ここで私が呼んでいる表現療法というものは、従来から芸術療法として存在してきました。三十八年前に徳田良仁先生が「芸術療法研究会」を八年間お持ちになって、九年後に「日本芸術療法学会」となりました。ちょうどいまから三十年前のことです。つまり、すでに三十八年の星霜を踏んでいる学問領域です。そのようななか、「三十八回も重ねられている『芸術療法』という名前を足蹴にするとは何か」という向きもあったわけですが、もちろん私は芸術療法を否定しているわけではありません。あえて「表現療法」という名を標榜したのが十年前なのであり、実は三十年以上前から、私はそれを考えていました。芸術療法学会が成立する前の段階から、ということです。

なぜ表現療法か

たしかに「芸術療法」という名前はかっこいいです。大抵の人は「芸術みたいなものをやるのか」とまず思うし、内容もそのように理解もできるものです。基本的には絵画や音楽、ダンスムーブメント、小説、詩、連句といった表現芸術すべてを含む分野です。

なぜ私がここに異議を申し立てたかというと、芸術療法といってしまうと、目的が芸術であるかのように思う人がほとんどだからです。やっている当人も芸術と思い間違いしますし、受けている人も「芸術を描かなければいけないのだ」と思うのではないでしょうか。それが違うのです。

遊びと遊戯療法・箱庭療法

心理臨床とはどういう場であるかを考えるとおわかり頂けると思いますが、その前に遊戯療法というものがあります。「子どもは遊びにおいて全き人間になりうる」と言ったのは、フリートリッヒ・シラーです。遊ぶということのなかに、精神分析におけるフロイトなどが始めた自由連想に匹敵するものが、子どもにおいて実現します。それに対してどうアプローチするのかという論争、フロイトの娘であったアンナ・フロイトと、フロイトの一派として名を馳せたメラニー・クラインのやりとりはとても意味がありますが、つまり、子どもというのは遊ぶだけでも治療そのものなのだ、ということです。

遊戯療法の例を挙げましょう。

まず私たちのところへやってくる子どもたちは、どういう子どもたちでしょうか。幸せいっぱい夢いっぱいで何もかも満足している子は来ないわけです。ほとんどの子は、こころのなかにたくさんの悲しみや苦しみや怒りや恨みを抱えています。そうでなければ問題行動や症状を呈するはずがありません。問題行動や症状は、こころのなかにたくさん溜まった苦しみや怒りや恨みが募ったものが変化したかたちで出てくるものでしょう。

そういう子どもが私たちのところへ来たら、まず何をするでしょうか。遊戯療法をしたことのある方ならばすぐにわかると思いますが、その辺にある砂を撒き散らして、壁にぶつけたり、オモチャを壊そうとしたり、あるいは、画を描こうとするにしても、黒い絵具やクレパスで辺り一面に描き殴って、自分を表現します。それがセラピーそのものなのです。そこがセラピーで最も大事なことなので、「そんなことをしては駄目」と制するなどということは「治っては駄目」ということと等しいのです。彼らが治るためには、こころのなかにわだかまっている諸々の苦しみや悲しみや恨みや怒りを表現することから、セラピーは始まります。

たとえば箱庭療法というものがあります。これは河合隼雄先生がスイスから一九六五年に持ち込まれて、すでに三十九年の歴史を持っているものです。箱庭療法を最初に始めたドーラ・マリア・カルフという人はザントシュピールというドイツ語でそれを表現しました。直訳すると「砂遊び」です。それを河合先生は江戸時代からある盆栽や盆庭の伝統をふまえて「箱庭療法」と訳されました（中国語では沙遊療法と訳されています）。

さて、箱庭療法において、子どもたちが初期に於ては何がいちばん表現されるでしょう。それは怪獣の侵入であり、戦争であったり、破壊であったり、こころのなかのわだかまり怒りを表現するのに適切なことが多いです。そういう表現がそこの場で保証されることがセラピーであり、なんら「芸術」などではないわけです。もちろん、それも含めた戦争芸術というものもありますし、怒りの芸術もあります。現代では芸術はあらゆる分野に開かれましたから、美術館にウンチを陳列しても芸術だと頑張った芸術家がいました（あまりにも臭すぎるので『これは芸術とは認められないので撤去する』と館長が言ったところ、彼は『芸術を撤去するとは何事だ』と返したそうです）。

表現するということ

箱庭療法創始者のカルフさんはスイス出身ですが、スイスはダダイズム運動の発祥の地です。ダダイズムは芸術のなかで最も破壊的なものですが、現在ではそういうものも芸術と呼ばれるようになって久しいです。芸術にはあらゆるものがあり、きれいなものだけが芸術なのではない。そういう認識は一般にも広がってきているのですが、それでも芸術という名前をつけた途端、きれいなものや美しいものを作ることが目的ではないかと、治療者やクライアント自身もどこかで妙な桎梏をつけて、それが治療法であることの本体を失ってしまう可能性がある。その可能性を私は恐れて、表現療法と呼ぶほうが良いと判断したのです。

「こころの内界に留まっているもの、隠されているもの、一所懸命に押し込まれているものが、自然な道を見つけることで表現されることが保証されて、徐々に表現されたとき、それがセラピーになっていく」、それが私の主張でした。事実、子どもたちも大人も、表現の窓口をきちんと見つけて、表現が保証されて、徐々にやっていくと、不思議なことに、こころというのは変容していくものなのです。

ところで、河合隼雄先生がスイスから戻られたのが一九六五年でした。カルフさんのところでこれを見たときに「これは日本人にぴったりの方法だ」と、箱庭療法について直観されたそうです。それで日本に持ち込まれました。カルフさんがドイツ語で『ザントシュピール』という本を書いたのが一九六六年です。私は直後にその本を求めて、翌年には訳稿を作りました。六八年・六九年と河合先生にそれをお見せして「本になるでしょうか」と待っていたところ、いつまで経っても本にならない。そうしたところ一九六九年に『箱庭療法入門』という本をお書きになりました。そして、その三年後に翻訳原稿が日の目を見て、『カルフ箱庭療法』になりました。もしこの翻訳書のほうが先に出たら、この治療法は半分誤解されただろう、という読みが河合先生にはあったわけです。

実はカルフさんという人は、あれだけの素養を持ち、あれだけの包容力を持っていながら、残念なことに在世中いちども、チューリッヒのユング研究所で講義を許されませんでした。ユング研究所の方からすると、正式のユング派分析家の資格を取っていないということに尽きるのでしょうが、しかしカルフさんは、たとえば分析はユング自身に受けていました。ユングが忙しくなってからは、奥さんであるエンマ・ユングの分析も受けられていて、合計六年にわたる分析を受けていました。それにも関わらずユング研究所は箱庭療法の講義をさせなかったのです。その悲しみもあって彼女は大上段にあの本を書いたのです（カルフさんは、スイスの公用語であるドイツ語・フランス語・イタリア語・ロマンシュ語に加えて、オランダ語とスペイン語とサンスクリット語の読み書きができ、中国の『老子』や『易経』をはじめ、ドイツ・フランス・イタリアあたりの文献はもちろんのこと、ずいぶんと広範に文献渉猟をしています）。

カルフさんは「私にもこのくらいのことはできるのだ」と頑張ってしまったため、その著書は、ちょっと硬すぎたのです。また、いまでは箱庭療法をする国が現在のところ十九ヵ国あり、日本では箱庭療法学会の正会員が千五百人を超すのですが、この趨勢は河合先生が日本に紹介したときに「これは解釈にあるのではない。クライアントが箱庭を作るのを治療者は後ろからじっと見守ることにあるのだ」と言われたのですが、それがいま、世界の常識の第一項になっているからです。だから、ここまで来たのですが、カルフさんももちろん、慈愛の目を持って、じっとみつめていました。私はカルフさんのもとで二十三回、箱庭を作ったのですが、本当に彼女に見守られているから作れるのだと感じました。その思想のもとをつくったのはカルフさんであり、さらに醸成したのが河合先生だと思います。ところがカルフさんはそう言いながら、書いた本ではしっかりと解釈しているのです。十の症例を示して、どの症例にも「これはこういうことであり、こういうことがあったのだろう」と、少し言い過ぎています。解釈が勝ちすぎています。

ということで、この本を最初に読んだ人は「箱庭はこんな難しい象徴解釈をしないと出来ないのか」と思われるのではないか……そういう恐れを河合先生は洞察されて、だからこそ『箱庭療法入門』という本を先に出して、「箱庭療法の大事なことはクライアントが作るのをじっくりと見守ることにあるのだから、ゆめゆめクライアントに『あなた、作っていて』と言って指導者が外に出ていってしまい、『できたか』と戻ってくるようなものはセラピーとは呼ばない」と強調されたのでしょう。ここが箱庭療法の根本です。要するに、じっくりと見守るなかで、クライアントが思う存分、自己表現できる場を提供することが根本なのです。

関係性と象徴性

ただし、じっと見ていれば治るのかというと、そうではありません。それならば苦労をして臨床心理学の大学院を出ることもないでしょう。

セラピーが作っていくもの、子どもが作って表現していくもののなかには、いろいろな意味があります。子どものこころを通して現れた、人類の歴史が連綿として培ってきた「象徴性」の歴史があるわけであり、セラピストとクライアントのあいだに生まれてくる「関係性」のなかで生み出されていくもの、あるいはクライアントを包む家族や社会のなかに意味をもってくるものなど、いろいろなものがあります。そういう意味の重なりをどのように読みとっていくのか。その素養があればあるほど、子どもは守られていくわけです。

絵画療法の始まり

ここで先の話に戻りますが、箱庭療法に限らず心理療法というものを始めると、得てして症状が悪くなる人が多いです。ところが、それは私にとっては良いサインです。絵画療法のように、ただ画を描くだけでも悪くなる人もいます。

私がこの分野の治療法を始めたのは絵画療法からでした。それを行っている最中に箱庭療法を知ったわけです。絵画を描くだけで悪くなる人もいることは、最初に経験しました。看護師さんからはすごいブーイングです。悪くなり方も、症状が悪くなるタイプと、関係性が悪くなるタイプのふたつがあるのですが、看護師さんからブーイングが出るのは後者の方でした。

天才たちの仕事

中井久夫先生の重要なお仕事のひとつに「分裂病〔統合失調症〕への緩解過程の研究」〔『分裂病の精神病理2』東京大学出版会〕という論文があります。

統合失調症と呼ばれる人たちについて、それまでは世界中の学者が「発生したらどうなるか」という症状論を軸に、発病過程論を研究していました。コンラートの『分裂病のはじまり』にしてもブロイラーにしても、どの仕事でも、発病過程論・症状論です。ところが、どうやって収束して普通の世界に戻っていくのか、という緩解過程を論じた論文があまりにも少なかったのです。それへの一寄与として、治療論モデルを挙げるというかたちで中井先生が書かれたのが、この論文でした。彼自身が学生時代に結核に罹って、人よりも時間をかけているわけです。その時に結核はどうやって治っていくのかという生物学的な過程論を経ており、その結核の治癒過程をベースにおいて、それを精神過程に置き換える。身体過程では起こらないけれども精神過程では起こってくることを、詳細にとりあげて発表した論文でした。

しかしそれは、ほとんどの人には理解できませんでした。それをいち早く理解した人が、当時、東京大学の分院精神科の助教授をしていた安永浩先生です。安永先生はファントム論というもっと理解されなかった論を展開されています。妄想というものがどういう構造で出てくるのか？　どのように理論的に解明することができるのか？　それを解いた試論です。

自分のなかのネガテティヴなもの

こうした風景構成法、箱庭療法、遊戯療法などにおいては、子どもたち、あるいは大人のクライアントたちが自分のなかのネガティヴなものをどう表現しきるか、が重要です。それをやった後に徐々に自分を取り戻す過程で、美しいもの、きれいなものを作り得るようになるのです。箱庭や絵画のなかにそういうものがちらほら見られるようになったら、良くなってきていると思ってもいい場合があります（最初からきれいなものを描いてばかりいるのは、精神分析の用語を使えば、防衛です）。

絵画療法を始めて数年間、私は自分なりの観点から、中井先生とも違った論理から、患者さんがどういう過程で治っていくのかを見てきました。患者さんたちが絵画にどういう表現を託すのかといったとき、なかには初めから上手な人がいるのです。「あなたは上手だね」と皆に言われて、それで得意にはなりますが、病気はぜんぜん治りません。それで気がついたのは、「自分は絵画を描くことは上手だ」と自分で思い込んでいる人は、絵画療法の適応にはあまりならないということです。

私が初めて精神病院に赴任したのは大学院一回生のときでした。カルテをいろいろと見ていると、その病院には四つの大学から先生が来ておられ、みな名だたる人ばかりで、いろいろな治療法がなされていました。ところが精神療法的な方法論をとる先生は一人もありませんでした。生物学的なホルモン療法や、チングレクトミー（耳の後ろの方の大脳のある部分を手術することで治すという不思議な方法）や、薬物療法や、いろいろな方法をとる先生がおられましたが、精神療法的なアプローチをする人はいないのです。そこで私は自分がそれをしてみようと思ったわけです。

ところが私は新人ですし、精神分析は、本ではたくさん読んでいましたが、精神分析家として訓練を受けたわけではなかったのです。そして、その仕事を二年ぐらいやった後に、「やはり自分が分析を受けなければいけない」と思い、河合隼雄先生の門を叩いたわけです（当時の河合先生は伏見桃山というところで、吉本千鶴子先生が開業されているところに場所を借りて、患者さんを診ておられ、私のような分析家も育てておられました）。私はそこで二年、他に、大学や河合先生のご自宅で四年、分析を受けて、スイスでバルツ所長に分析を一年受けました。このように私は教育分析の経験を持った次第です。

集団実施・個別面接の絵画療法

そして、私でも出来そうなものをということで編み出したのが「集団実施・個別面接」という方法論でした。午前中は外来をやっていたので、午後一時からしか出来ず、その病院は午後五時にはスタッフが帰るため、四時間しかありませんでした。こういう時間の制約、時間との関数があります。最初の一時間で画を描いてもらい、後の三時間で全員一人一人、別々に面接する方法が大事だと思いました。すべてを集団でするど、誰へのインフォメーションなのか、誰のものを受け止めているのかわからないからです。集団療法を否定するわけではありません。集団療法はそのダイナミクスが目的なので、集団療法にはその理論があり、その適応があります。ただ私の場合、集団療法ではなく、集団実施・個別面接というあくまでも個別の治療法として、十五人の対象者を選びました。

なぜかというと、面接するのに三時間しか時間がありません。一人十五分としても一時間で四人しかできません。三時間では多くても十五人しかできませんから、その人数を病棟から選びます。そこで私は、十五人を五人ずつ三群に分けました。

第一群は、言葉でのコミュニケーションの苦手な人たちです。そもそも私が絵画療法を始めようとした理由のひとつなのですが、病棟に入って一ヵ月間、患者さんをずっと見てカルテを読んで最も驚いたのは、入院して八年にもなるのに、カルテが三枚しか進行していないことでした。「なんだ、これは」と思い、その患者さんはどういう人だろうと見に行くと、ベットの上に座って沈思黙考している人や、窓辺にじっとしている人とか、言語的にバーバルに喋らない人たちばかりでした。カルテにはドイツ語でシュムーツィッヒカイト（人と関係を持とうとしない）と。そして二行目は「上に同じ」と書いてある。このような三枚ですから、この八年間であまり喋っていないのだなとわかります。そこで私は、ノンバーバルな方法で効果があるのではないかと思い、第一群はカルテのページ数が少ない人から選んだわけです。

第二群は、看護師さんを困らせる人たちです。この選出は、いまでは評価されていますが、当時、看護師さんたちからブーイングを受けました。十六人の看護師さんに一人五票を委ねて、五十五人の患者さんのうち一番嫌いな患者さんを投票してもらったのです（一人だけならば五票入れる。五人いたら一票ずつ入れる）。そのようにして、看護師さんに最も嫌われるタイプの患者さんを選んだわけです（なぜそんなことをしたかというと、この人たちは、いま風に言えば「行動的に関係性がとりにくい人」だからです）。

第三群は、絵を描きたい人たちです。第二群は本人がなぜ選ばれたのかわかりません。ワーストファイブに選ばれたとは言えませんから、『あなたは新しい方法に選ばれました』と説明するのですが、そうすると選ばれなかった人が『何をするの？』と聞いてくるわけです。『これから画を描くのです』と言うと『自分にもやらせてくれ』と言う人が必ずいるのです。そこで第三群は画が描きたい人です。これはたくさん応募がありましたので、くじ引きで決めました。

これら三群十五人の人たちに同時にホールに集まってもらい、テーブルをコの字型に並べて座ってもらい、真ん中に私が座り、『皆さんのこころのなかにパッと浮かんだこと、前から気になっていること、昨日夢に見たこと、どんなことでもいいですから、こころにいま懸かってくることがあったら、それを画にしてください』と言いました。そこで一時間です。

その画を描いた人を一人ずつ別の部屋に来てもらい、その画をもとに話し合うという方法で行いました。なんと驚いたことに、その画を通して、八年間一言も喋らなかった人たちが喋るようになってきたのです。そのことが一番の驚きでしたし、看護師さんもびっくりしておられました。

もうひとつ驚いたことに、どんどん悪くなる人が二人いたのです。看護師さんが困るタイプのなかで八十票中三十二票獲得した人です。本人は「私は選ばれた」と思い込んでいるものだから悦に入って画を描きます。しかもその人は画がなかなか上手だったのです。ところが、その人はますます自分勝手になり、ついに看護師さんが『こんな変な方法はもうやめてください』と言ってきたほどです。私は『悪い方向に変わるということは、良い方向に変わることの前兆だから、少し我慢してください』とお願いしました。

この治療の結果はというと、効果があったのは一群と二群だけで、三群には効果がありませんでした。画の好きな人・画が上手だと思っている人は、それが防衛になって、自分の内界に入ろうとしません。いまの精神分析の用語を使えば、直面しようとしません。直面することを避けるために、うまい画を描いてぼかすわけです。それで、絵画療法において、画がうまい人とか、自分が上手だと思っている人は、良い適応ではないだろうということがわかりました。ただし、例外はあります。先ほどの三十二票の人は画がすごく上手であり、看護師さんが困るタイプとして一番だったのですが、この人は、なんと退院しました（もちろん、すぐにではありませんが）。また、八年間喋らなかった人がおずおずと話すようになると、『先生、これはどういうことですか』と、どの看護師さんもびっくりします。患者さんが『毎日、ご飯が出るけれども、僕はそのご飯が好きじゃないんです。だから食べなかっただけであり、反抗していたわけではないんです』と仰ったりしたそうです。

臨床現場における表現療法

こうした経験を経て、私は別の病院に赴任しました。そこで担当した人を例に挙げたいと思います。なぜかというと、とてもわかりやすいからです。専門用語をたくさん使わなくてもよいからです。専門用語を使ってごまかすことはいくらでもできますが、そんなことをしても意味がありません。表現がどれだけ自分を表現することに役立ち、自分自身を本当の意味で高め、自分自身の適応のところまで持っていけるのか？その一例として紹介します。

心身症の事例

このクライアントは、私が書いた『臨床心理学入門』という本のなかに出ていますが、この方は精神病でもなければ神経症でもありません。いまでは知られていますが当時はちらほらとしか知られていなかった

「心身症」です。こころの問題と身体の問題が微妙に絡み合っていて、身体に表現されるタイプのひとつです。

彼女自身は心身症という概念をもちろん知らないのですが、蕁麻疹が出てとにかく大変なのです。人に会う仕事なのに、人と会うとものすごい蕁麻疹が身体全体に現れて、痒さで人前に出られないし、恥ずかしい。当然ながら蕁麻疹は精神科の病気ではありませんので、彼女は皮膚科へ行かれます。そこでいろいろと薬をもらうのですが治らない。それで『あなたのところは藪医者だ』と喧嘩になり、次の皮膚科へ行く。七軒もまわったそうです。七軒のうち四軒のお医者さんに『あなたは皮膚科ではなく、精神科に行くべきだ』と言われたそうですが、口の悪いお医者さんはそういう言い方をするわけで、彼女は余計に頭にくるわけです、『なぜわたしが精神病なのか』と。『いや違う。こころの問題だから』と、親切なお医者さんは紹介状も書いてくれたそうです。「私ども皮膚科医で皮膚科的なことをいろいろと試みたけれども、まったく治癒に至らない。こういう場合は往々にして、心的な問題が伏在していることが多いと考えられるので、先生のほうの領域かと思い、ご紹介させていただきます」という紹介状を、彼女は三通も持って来られました。

表現療法の第一歩

彼女は怒っていました。『なぜ、わたしが精神科なのですか？　精神科で治るのですか？　先生は治せますか？』と、私に喰ってかかるのです。これが彼女の表現で、それが大事です。彼女はこれまで、怒ると「お前のようなものは診てられない」と、はぐらかされてきました。

この「怒る」という表現が受け止められることが、彼女にとって治療の第一歩でした。そこが表現療法の第一歩なのです。私はこう言いました、《私にはあなたが治るかどうかはわかりません。だいたい、今日初めて会った人に「私が治してあげます」などと、どうして言えるでしょうか。でも少なくとも三人のお医者さんが「こころの問題かもしれない」と仰っているのだから、そうかもしれないし、そうでないかもしれません。せっかく今日、精神科に来たのだから、ここでやれることをやってみましょう》と。

そこで風景構成法のようなものを行いました。私が彼女と出会ったのは一九六九年、風景構成法が出来た年（論文として発表されたのは一九七〇年）です。私は中井久夫先生を存じ上げており、彼の論文にすごくひかれていましたから、風景構成法らしきものをやっておられることは聞いていました。ただし、まだ方法をしっかりとは把握していなかったので、この時点では「枠」をつけていません（いまならばそうはしないのですが、それでも意味がありました）。

風景構成法でのみたて

風景を描いてもらったところ、彼女はこのような絵を描きました【図1】。

ここで一番注目したのは、木が根元近くでバッサリ伐られている点です（バウムテストでは、木が根元から切られているのは由々しきことです）。また、そこからヒコバエが出ているということは、伐られてしばらく時間が経っているということでしょう。ただし、ヒコバエが出ているのですから、死んでいるわけではありません。

もうひとつは、上のほうの山です。絵がそこで切れているのです。これは私の第一印象であり解釈ではないので間違えないで頂きたいのですが、私にはこれが女性の胸

図1

に見えました。その胸が先で切断されていることが問題だと考えました。

そこで私の仮説は、ひょっとしてこの方は、若い頃、少女期、あるいはそれ以前に、女性性に関わるところでカッティング（切断）される体験があったのかもしれない、というものでした。しかしこれは解釈でも何でもないので、彼女には伝えていません。

彼女は最初はぶつくさ怒りながら描いていたのですが、やがて、『そういえば、クレパスを持ったのは中学校以来かもしれない』と言いました。だんだんと鼻歌に変わってきて、『楽しいわね』と言いだし、十五分が過ぎたので《もう終わりです》と言うと『なぜ』と怒ります。私が《見ればわかるでしょう。他にも四十人もいるのだから、十五分しか時間が与えられない。それでもよかったらまた来てください》と返すと、『また精神科ですか』と言いだしたので、《その話はこれでおしまい》と。彼女はキツネにつままれたような顔をしていました。

図2

方法の修正

第二回目に描いた絵【図2】では、今度は伐られているのは、二本目の枝です。山は遠くにいくと頂上が見えますので、完全に切断されたわけではないと思いました。私は二つだけわからないことがあったので訊きました、《一番上のハテナというのは何ですか?》と。すると彼女は『わからないということ。なぜ、こんなところへ来なければいけないのか』と言いました。《一番左の赤いものと青いものは何ですか?》と訊くと、『なんだかよくわからないけれども描いた』と。《何を描いたのですか？》と訊くと、『赤いリンゴと青いリンゴ』。これで十五分は過ぎてしまいました。

描いているだけで十五分が過ぎ、話している時間がなくなってしまうことがわかったので、実は私もそう思っていたのですが、彼女のほうから『十五分しか時間がないなら、家で描いてくる。あとの時間を先生とやりとりしたい』と言ってきたのです。ここで方法が修正されました。

そこで彼女は家で描いてくることになりました。この絵【図3】を見ると、少しエネルギーが入っているのがわかります。こういうことを専門用語でコミットメントと言います。こころのエネルギーをコミットできるようになってきた。コミットメントが始まったことがわかります。そこにうまく自分自身の窓を見つけたのです。そこにエネルギーを集中できるようになったのです。

木の根っ子　《これは何？》『見たらわかるでしょう。根ですよ』《なぜ根なの？》『あのね……』、彼女は絶句しました。自分でもなぜ根を描いたのか、わからなかったからだと思います。《根でなにか思い出すことはないですか？》と私が訊きますと、彼女は『根ねえ。あります。お父さんのことを思い出します』。これは極めて不思議な連想です。《どうしてお父さんのことを思い出すの？》『うちの父はほとんどものを喋らない人でした』《ということは、お母さんがよく喋る人？》『そうです。三人分くらい喋る。お父さんはほとんど喋らない』《お父さんのお仕事は

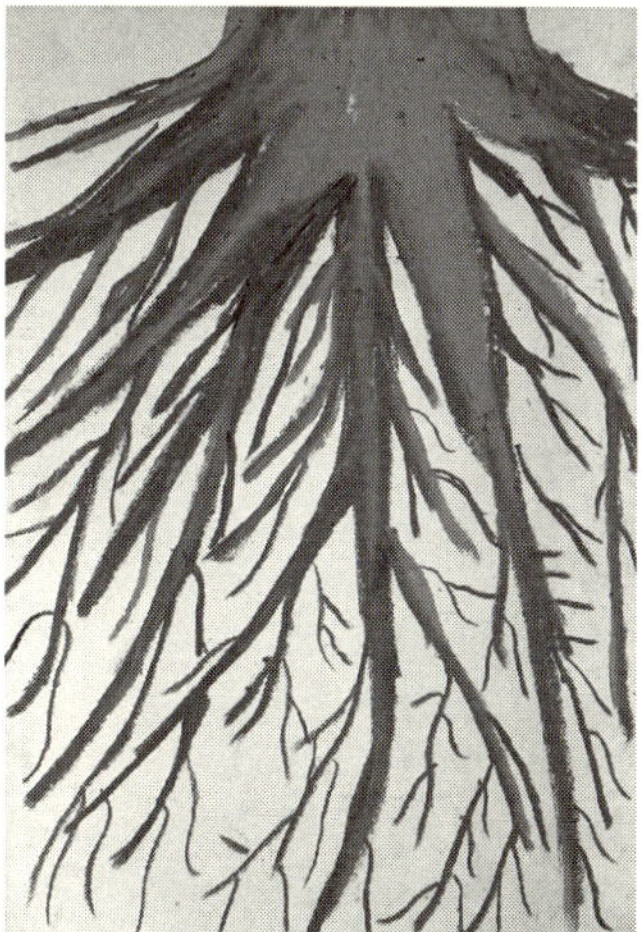

図3

何なの?》と訊くと、半農半漁という難しい言葉づかいをされましたが、要するに半分農民で半分漁師ということらしいです。漁師が本業だけれども、それだけでは食べていけないので、畑をやっている仕事なのだそうです。

《なぜ、根っこからお父さんなの?》と訊くと、『そういう父だから、趣味はほとんどないのだけれども、ひとつだけ趣味があった。海岸を歩いて、波で打ち寄せられたもののなかから、木の根っこを拾ってくる。その木のひげ根の部分を小刀で削って、乾いた雑巾で来る日も来る日も磨いて、きれいになったところでニスを塗って、床の間に飾る。それが父の趣味であり、久しぶりに父のことを思い出しました』《何年ぶり?》『わたしが大学に出てきたのが今から六年前ですから、大学四年間と仕事に就いてからの二年、合計六年ぶりかしら』《うちには帰らなかったの?》『いや、帰ったけれども、父なんかいるかどうかわからないし、父のことなんか思ったことはありませんでした』。

夢からの絵　次の絵を見て【図4】私が《これは何?》と尋ねると、『先生はこのまえ言ったでしょう。どんな絵を描いたらいいかと聞いたら、「思いつくこと、気になること、それがなかったら、夢を見たら、それを描けばいい」と。夢を見たのです』《どんな夢?》と尋ねると、『海岸を歩いているのです。わたしの夢は不思議で、いつも海岸を歩いているところから始まるんです。履いていた靴が全部なくなり、足に波が触ってくるのを感じて、気持ちいいと思って、歩いていると窓がある。夜だったのに、窓を開けると太陽が見えた。変な夢』《夢にはそういうものが多いよね》。そんなような話をしながら、その絵を見ると、切断してい

図4

るところから出ているヒコバエがどんどん成長しています。「こころのなかで成長しているものがあるな」と私は思っています。

二つに割れた海　次の週ですが、絵もすごくエネルギーが入ってきて【図5】、青の塗り方など見事です。絵画療法的な意味で言っているのではなく、内容にまずびっくりしました。海が二つに割れています。彼女はやはり夢を見たそうです。『海岸を歩いていたら、いつの間にか右手に鍵を持っていて、ずっと歩いていたら、なぜか海が二つに割れていて、そこをずっと歩いていたら、ドアがあった。持っている鍵をあわせてみたら、ちゃんと開いた。開けたら向こうに階段があった』。この絵を見ながら私が何を思ったかというと、『旧約聖書』にエクソダス（出エジプト記）があります。あそこでモーセがシナイ半島からユダヤ人を救い出す話は『旧約聖書』で最も有名な話のひとつです。それが彼女のどこかに出てきたのだと思ったので、《君はクリスチャン？》と訊くと、彼女は『わたしは無神論者です』と言うのです。『わたしは宗教なんか信じません。あんなものは所詮こころの慰みでしょう』《お父さんはどう？》と訊くと、『父は禅宗だと思いますが、よくわかりません』《お母さんはどう？》と訊くと、『もちろん無神論者です』と強調されました。私は「そうか、キリスト教ではないのだ」と思いました。

本体と影の逆転　この絵を見て私が一番注目したのは、本体は灰色なのに影が赤なことです。これはディスカッションではとりあげてはいません。というのは、意識化しすぎると変化してしまうからです。「ドアがあり、鍵で開けると階段があった」ということで、彼女の意識にあることは明ら

図5

かですが、私は、本体が影のようであり、影の方が本体であるかのように逆転している、リバーサルしていることが彼女にとっての問題だと思っていました。

彼女の本体、身体は蕁麻疹で真っ赤になっているわけですから、明らかにこちらのほうが本体です。しかし、それは本体として許容できない。だから、本体が影になっているかたちになります。いまから解釈するとそうなりますが、それも全部、私のこころのなかでの思考にすぎません。

精神病がウツル？　次の週、彼女はこの絵を持ってきて【図6】『先生、精神病はウツルんでしょう』と言いました。《もし精神病がウツルのならば、あなたよりも私のほうが先に罹っているはずだよ。なぜそんな変なことを言うの？》と私が尋ねると、彼女は『実は先生のところから下宿に帰って、座ろうとすると、後ろに何かあるような気がする。振り返ると消えてしまうので、何かわからない。でも前を向くと後ろで何かくるくると回っているような気がする。とても変なので、これは精神病ではないのですか？』と言います。《それは確かにひとつの幻覚かもしれないけれども、いわゆる幻視とは違う。そういう症状を持った患者さんはいないし、それは何だろう？》と言うと、彼女は『これがそう』と絵を指して、『塗りすぎて青くなったけれども、もっと透明な青で、くるくると回るもの。水玉の太陽。水玉の太陽がくるくるとまわっているの』と言うわけです。そして『何でもいいから、はっきりとものを確かめたい。しっかりとつかみたいという気持がある。先生はなにかはぐからしてばかりいて、ちっともはっきりした答えをくれないじゃないですか』と彼女は怒りました。

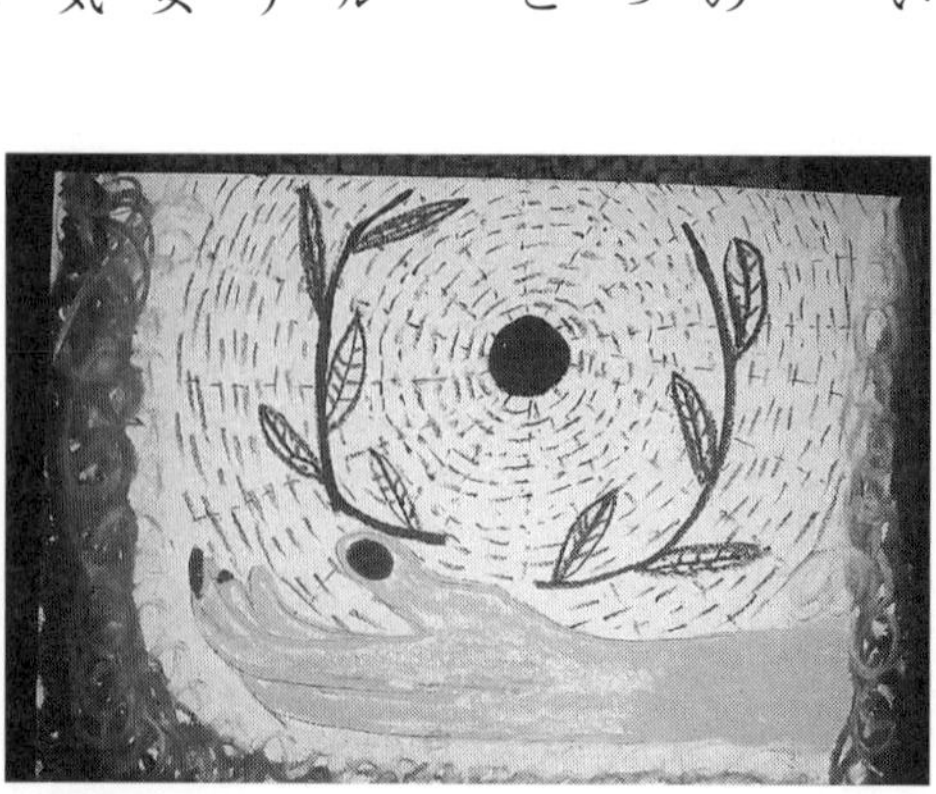
図6

下から噴きあげる水　次の週に来たときも彼女は『やっぱり精神病はウツルと思う』と言うのです。『わたしが座ろうとすると、下のほうから水が噴きあげてきて、わたしが天井まで突きあげられるような変な感じがする。畳に座っていられないので椅子に座っていると、椅子からも水が噴きあげてきて、吹き飛ばされそうな気がして、変でしょうがない』と。

水玉の太陽と現実の太陽　そのうちに彼女はこういう絵【図7】を描いてきました。水玉の太陽と現実の太陽が少しずつ接近しつつあるイメージだったと思います。私はこういう話を聴くときはだいたいボーっとしております。フロイトは精神分析の方法論として「自由連想をやっているとき、自由に漂うような、注意とも不注意ともいわないような、ぼんやりとしたところに浮かんでくる言葉、クライアントが語った言葉に注目しよう」と言っています。私もボーっと聴いていたら、「ふくろうがいる」と思いました。クライエントは別の話をしていたのですが、私が《あなたはふくろうが好き？》と訊くと、『ふくろう？　何それ』《これはふくろうに見えるじゃないか》『本当だ。ふくろうだ』と。実はふくろうというのは、アテナイ（現アテネ）市の紋章で、夜目がきくため昼も夜も街を守ってくれる守り神です。

フラスコの夢　そして彼女は夢を見たら、変なフラスコが出てきたそうです。その画を描いたのですが【図8】、アラームが八時二十分になっているので《なぜ六時なの？八時二十分となにか関係があるの？》と訊くと、『八時二十分は大事な時間です』と彼女は言うのです。なぜかというと『ここの病院は十一時半までに受付票を入れろと書いてあるじゃないですか。それに間に合うためには八時二十分に起きないと間に合

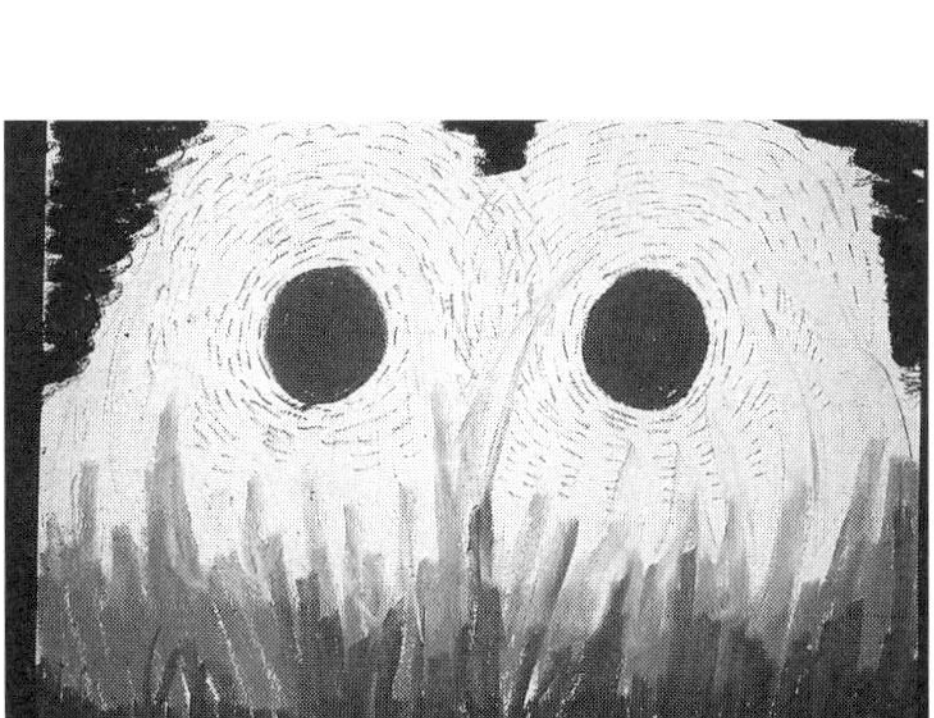

図7

わないんですよ』と。だから八時二十分は、ここととの関係性を示す大事な指標だったのです。《六時は?》と訊くと、『そんなものは、寝ていてわからない』。あとは月と太陽と地球と鍵です。

涙　次のときには、水たまりがあり、木の葉が一枚だけあり、すごくロマンチックな画です【図9】。時期も秋でした。《雨にしてはおかしいね?》と尋ねると、『わたしの涙』と言います。『先生はわたしの気持ちをわかってくれていないでしょう。女がこんな蕁麻疹で苦しんでいるのに、いい気味だと思っているでしょう』と言うので、《そんなことは思ってない。こころのなかで涙していると思っているけれども》と言いました。私は突然『不思議な国のアリス』を思い出していました。アリスは自分の涙に溺れてしまいます。「溺れてしまってもいけない」と思いました。

大いなるものとの出会い　次の週、彼女はまた夢を見ました。『海岸をとぼとぼ歩いていたら、足に触れるものがあった。見るとボートがあり、オールがあったので、わたしはボートに乗って、オールを漕いでいった。ずっと行くと、知らないうちに水平線に着いた』。これは「果てに着いた」という意味だと私は受け止めました。そして彼女は『大いなるものに出会った』と言うのです。いまならば麻原彰晃の顔のようにも見えま

図8

図9

すが、これは三十七年前、麻原など問題になる前でしたので、キリスト教のイメージで受け止め、《あなたはクリスチャン?》とまた質問をして、『いいえ、父は禅宗かもしれないけれども、母とわたしは無神論者』とまた言われてしまいました。大いなるもの、すごいもの、でかいものという言い方を彼女はされたと思うのですが、『そういう人に出会った。そうしたら、この前の夢で見た、フラスコの中に入ったものが周りにある』と。《でもこの前あなたがフラスコの中に描いていたのは、月だったけれども》と言うと、『そうだった。水玉の太陽だった』と。

水玉と月は、彼女のなかでは同値としてあるようです。西洋の錬金術の世界では、水と月はほぼ同じ位置づけを与えられているので、そういうことも関係あるのかもしれませんが、とにかくこのときにはオールを失っています。限界に届いたときには、自分で自分の意識をコントロールする状態ではないことは明らかです。その果て、ボーダーに着いたときに「大いなるもの」に出会ったというのはとても印象的でした。時間は相変わらず同じ。その「大いなるもの」の右手に水玉の太陽、左手には現実の太陽がとうとうつかまれています。

パルテノン　そして次の週、《これは何?》と訊いたところ【図10】、彼女はパルテノンと言いましたが、パルテノンは四本だけではありません。《これは何?》と再び訊くと、『夢なんだから、わたしに責任を押しつけないで』と言います。《なぜ四本なのかと思っただけ》と言うと、『でも、見えたんだもの』と言います。『空を泳いでいた。そうしたら、ギリシャに着いてしまった。パルテノンが見えたから描いただけ』と。

図10

赤いハート　そしてフラスコのビンがまた描かれます【図11】。海が二つに割れた絵のとき、本体が影で、影の方が赤いことに注目しましたが、あの影がガラス瓶の中に入って、踊り始めました。ここで一番注目されるのは、赤いハートがついたことです。

転移について

精神分析の世界では明らかなことですが（ユングの分析心理学ではそれほど目くじら立てて言わないのですが）、精神現象全体を見ていくときに「転移」がとても大事な概念であることは、この分野ではある意味、常識です。転移と口で言うのは簡単ですが、実際にその現象が起こってくると、その現象に対応するのはなかなか大変です。

つまり、人を好きになるという陽性転移のかたちをとるのか、人を大嫌いになるという陰性転移のかたちをとるのか、が問題なのです。普通は陰性転移のかたちをとることが多く、そのほうが治療的にはうまくいくのですが、陽性転移はなかなか脱却できません。医者のほうも本当の意味でそれに気がついていないと、「いままで診ていただいた先生のなかで、先生が一番好き」と言われると、悪い気はしません。だからいけないのです。

フロイトから離れて、ハイデガーに影響を受けたビンスワンガーやメダルト・ボスといった現存在分析の人たちはどうとらえているかというと、「フロイトは転移と呼ぶけれども、目の前のクライアントに「人を好きになる」というこころの現象そのものが起きたのだ」ととらえます。いろいろな学派の考え方をきちん

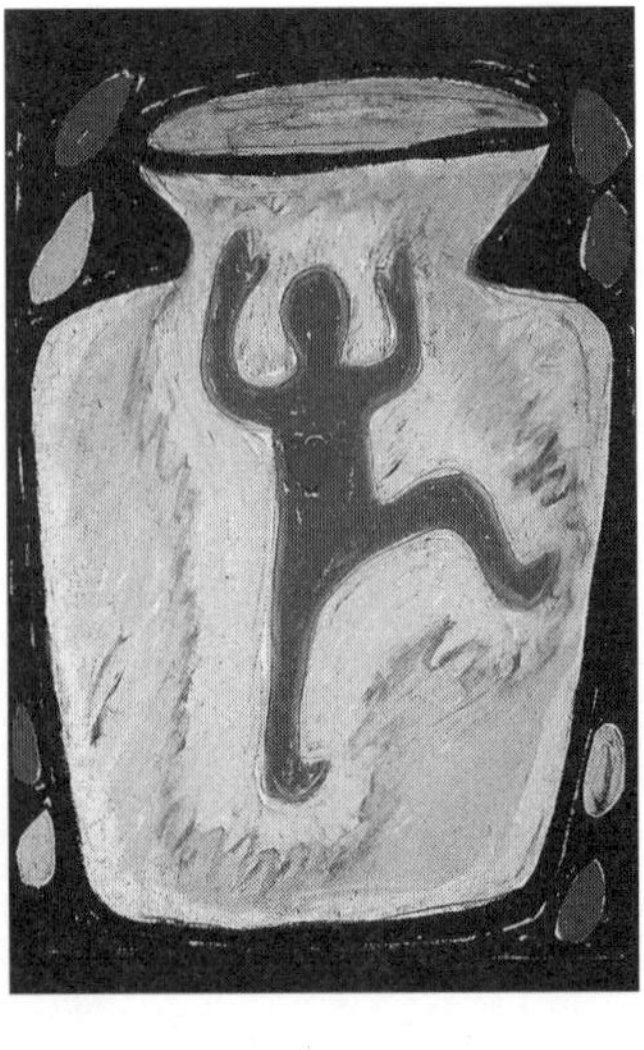

図11

と渉猟していきますと、転移現象の本体が見えてきます。

「これは少し気をつけないといけないな」と思ったときには、炎はめらめらです。実は三週間ほど前から私は気がついていたのですが、もっと前から気づいていた人がいました。受付の女性です。お昼時間に私に意地悪しに来ていたのです。『あの人は先生にラブさんみたいね』《なんで?》『このまえ彼女は「先生はどの電車で通っている?」とか訊いてきましたよ』とか、『このまえ「先生とコーヒーを飲んでいい?」と訊いてきましたよ』とか。受付の女性はとても目ざといです。転移現象は、本人よりも他人のほうが先に発見することが多いほどです。

しかし転移が起きている時はすごく大事な時なのです。クライアントのこころは一触即発で爆発するかもしれません。このマグマは爆発寸前です。地面のすぐそばにマグマが来ているし、水玉の太陽と現実の太陽はとうとう接触したし、「わたしは愛が欲しい」というのが見え見えです。

水から火への変容　驚いたことに、それまで噴きあげていた水が火に変わりました。これはとても大変です。下手をすると火傷します。火の中からお姫様が出てきて、月桂樹も火の熱で茶色に化しています。左手には刀を持ち、右手には鳩がハートを加えています。私は《ギリシャ神話を読んだ?》と尋ねました。アモールとプシケーのことを思っていたのですが、案の定、彼女は読んでいました。ただしアモールとプシケーでは、鳩ではなくランプと刀を持っています。「もしあなたの相手が怪物

図12

だったら、顔を見た途端、この刀でひと思いに喉を刺し殺してしまえ」と姉さんたちにそそのかされてランプをつけたわけです。するとあまりに絶世の美男子（ヴィーナスの息子のエロス）だったものだから、そこから好きになるわけです。

融合・完全なる一致　そして不思議なことに、その年最後の診察の日、彼女は現れませんでした。私は気になってと受付に尋ねました。すると『先ほど電話がありました。「寝過ごしてしまったが、認められるならば、五分でいいから会ってくれないか」と言っておられました』と言うので、『わかった。「五分だけ」と言っておいて』と告げて私は診察室に戻りました。他の患者さんを診ていたところ、彼女は最後に現れて、『先生、五分だけでいいです。この画を見てください』と持ってきたのがこの絵です【図12】。

全部が融合して、完全なる一致です。これは重要なある事態が起こっているということだと、間違いなく受け取りました。年末の休みをはさんでいたため、「では再来週に」ということで別れました。

猫の出現　そうしたところ場面は一変しました【図13】。彼女の話によると『この猫はずうずうしいったらありゃしない』《この猫とはどういうことですか？　あなたは猫を飼っているとは言わなかったではないですか》と訊くと、『このあいだ飼ったの。クリスマス・イブなのに五分しか会ってくれない、表六玉みたいな

図13

図14

先生とお別れしてから』と彼女はいいかげん悪口を言いながら、『寂しくとぼとぼ帰り、部屋に帰って、夕食も食べずにボーっとしていたら、ドアのところをガリガリとすごい音がした。何かと思って、ドアを開けたら入ってきたのがこの猫だった』と言うのです。

驚いたのはその後です。普通は蕁麻疹のある人は、犬や猫といった毛足の長いものに触れると余計に蕁麻疹がひどくなります。しかし彼女は『この猫がすり寄ってきて、わたしの肌に触れて、跳び上がって、その日から自分のベットに寝ている。わたしは寝るところがないから畳で寝ている。猫がベットに寝ている。ところがこの猫がわたしの肌に触れてから、蕁麻疹は消えてしまった』と言うのです。たしかに、言われてみれば、これまで真っ赤だった顔の蕁麻疹がほとんど消えています。

赤ん坊　次の週、また不思議な絵が描かれてきました【図14】。《何？　これは》と訊くと、『先生、わたし、蕁麻疹が消えたでしょう。いままでは人と会うのが嫌だったから、隣の人の名前も聞いたことがなかったのですよ。ちょうどこの前、先生にあの絵を見せて帰ったら、隣室の女の子がドアを開けて出てきたんです。自己紹介したら、向こうも自己紹介をしてきて、彼女は何て言ったと思います？』《そんなこと、わからないよ》『わたしにはお姉さんがいるの。お姉さんに赤ちゃんが産まれたから、見に行くの」と。それで「見に行く？」と言うので「見に行く、見に行く」って、見に行ったんです』。それでこの絵です。『先生、内緒で赤ちゃんを作ろう』と言われて私は《あほな》と返しましたが、彼女は『そのお姉さんの赤ちゃんはかわいいの』と。

図15

その話を私がボーっと聴いていると、ハートを運んでいた鳩はいつの間にかケージに入っているし、めらめらと燃えていた火はマントルピースの中に収まっているし、全部が収まるべきところに収まっています。そこに私は少し注目しました。

月桂樹　次の週から、ハートの中からローレル（月桂樹）が少しずつ伸び始めます【図15】。とうとうハートを突き破って、月桂樹は上にも下にも伸びます。そして、この女性の背後像は何かと問うと、『先生は、わたしの裸を見せてあげると言ったのに、駄目と言ったじゃない』《治療者は、あなたのこころには触れるけれども、身体には触れないという鉄則があるのです》『そんなことを言うから、わたしはこんなふうに描いてきてあげた』《きれいになった》『とってもきれいでしょう』《とてもきれいだ》。

　ところで、ここまでの流れで忘れてしまっていたことがあります。七回目ぐらいで気づいたのですが、彼女の症状は、蕁麻疹が第一症状でしたが、その他に離人症がありました。離人症というのは要するに、自分の身体をつねっても痛くないし、自分が自分であるとどうしても思えない。景色がヴィヴィッドに見えない。「写真を裏側から見たみたい」という言い方をされる方もいますが、そんな症状を離人症といいます。そんな症状が彼女にはありました。

ジェームス・ディーン　彼女は『先生よりもいい男を見つけた』と来ました。誰かと訊くと、ジェームス・ディーンだそうです。《当たり前じゃないか》。そして、夜道を歩くという彼女の夢の場面が描けるようになります【図16】。三日月が真ん中に出て、夜の景色、昼の景色、しかしマグマはまだ依然として脈を打っています。このとき彼女は『女の子は普通、どんな絵本を読むの?』と尋ねてきました。《なぜそんなことを聞く

図16

の?』と応えると、『うちの母親は「女の子は絵本なんか読まなくてもいい。あんなものは何の役にも立たない」と言って、一度も絵本を買ってくれたことがなかった。でもこの歳になって、絵本をいくつか読んで、こんな絵本を小さい頃から読んでいたら、どれだけ楽しかっただろうと思う。このあいだ人魚姫を読んだんです』と。人魚姫は、十五歳の娘が海上に出て初めて見た男性を好きになる、というアンデルセンのファンタスティックな話ですが、思春期の少女の内的な物語です。

月食と日食の同時成就

次に、これも驚いたのですが、月食と日食が一緒に起こったのです【図17】。太陽と月と地球の関係性から、そんなことは絶対にあり得ないのですが、イメージの世界では起こり得ます。そして、あの入り込んできた猫がガールフレンドを連れてくるのです。そして自分のベットの上に二匹で住み始めたそうです。

先の猫が入ってきたときは蕁麻疹がなくなったのですが、今度の猫が入ったときには離人症がなくなりました。離人症がなくなったとき、ヴィヴィッドな絵が急に色褪せます。これは非常に不思議な現象です。

コラージュの開始

その後、コラージュが始まります。

これまでは後ろからしか見せてくれなかったのですが『わたしはこんな肌になった』と、前から描いて示してくれます【図18】。フラスコの中にセント・セバスチャンが描かれます。セント・セバスチャンとは二世紀の殉

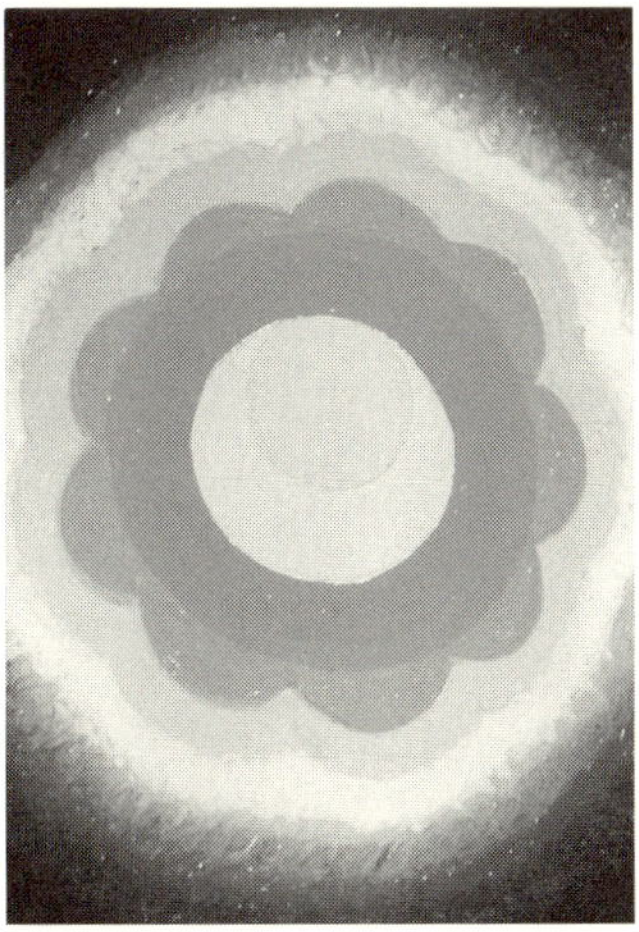

図17

教者で、苦悩する人のイメージです。悩めるジェームス・ディーンが下に、上にはラファエロの聖母子像が描かれます。真ん中の鏡にヴィーナスが誕生しています。マリリン・モンローの「自分は躍動したいくらいの自由を獲得した」という絵、ジェームス・ディーンがエデンの東で抱擁している絵を描き、スカーレット・オハラを描きます【図19】。この頃、彼女はテレビでマーガレット・ミッチェルの『風と共に去りぬ』を見て、ものすごく感動をして、原作は読めないということで、河出版の日本語訳を読んだそうで、『先生は読んだ?』と尋ねるのです。私はもちろん読んだことがあるし映画も見たことがあります。『先生はメラニーとスカーレットとどちらが好き?』と詰め寄ります。私が《メラニーが好きだ。落ち着いて成熟して、とても良い女の人だ》と言うと、『わたしはあんな人は好きじゃない。わたしはスカーレットよ。行動派の女なの。自分の力で自分で生きていくの』と。スカーレットとは赤に近い緋色という意味であり、だから髪の毛を緋色で描きました。

図18

独立宣言

そして彼女は動脈と静脈を吻合させて、好きな人に抱擁される姿を描き、ロシアン・クロイツを描き、とうとう絵をやめて、字だけ書いてこう言いました。

『わたしもひとつの星になる。自分の軌道をまわる星になる。わたしはいままで惑星みたいなところがあった。わたしの安全性はその軌道をまわることにあった。でも、わたしもひとつの星になる。この大空で自分の軌道を生きる星になる。社会では○○〔彼女のファミリーネーム〕として生きるけれど、地球上では永遠の旅人、革命家。昭和時代のスカーレット・オハラでありたい。そして宇宙的次元では、最後まで△△星〔彼女のファーストネーム〕。』

こうした明らかなる独立宣言をした翌週、彼女はグラジオラスの絵【図20】とともに、本物のグラジオラスを持って来て、『こんな殺風景な診察室に、わたしもよく耐えたわね』と言います。『花瓶もない』と言うので、私は隣の部屋からバケツを持って来ました。絵の中ではフラスコですが、彼女がバケツに花を活けて、終わります。

おわりに

解釈その他は一切しません。彼女が、症状から自由になっただけではなく、自分というものを取り戻し、自信を持って世の中に立っていかれる姿になっていることは、絵の全経過を見れば明らかであり、おわかり頂けるものと思います。

ここには、表現というものの持つ力があらわれています。表現という

図19

図20

ことが、本当の意味で、自由に、はっきりと、ある時間と空間の制約のなかで守られて、発揮できたら、自分というものを取り戻すことができる次元に至る。そういう事例だったと思います。

質疑応答

質問　先生の今日のお話の中に出てきた女性の絵画療法の症例ですが、実際の画を見せていただいて、より文章が理解できました。

山中　『臨床心理学入門』を読んでくださったのですね。それには尾原緋沙子として、絵は描かずに紹介しています。私は『少年期の心』を書いたときも箱庭を一切示さずに、文章だけに次元を変えて出しています。

質問　そのことと重ね合わせて、先生の本のなかで病理学と臨床の兼ね合いがかなり必要だという項がありました。先ほどから絵をずっと見せていただいた患者さんの最後は、先生のもとでは良好だったそうですが、その後は病理的な事とはどういう関連になったのでしょうか。

山中　問いの意味合いがわかりかねているのですが、病理というのは皮膚科学的な意味でしょうか、それとも精神病理でしょうか。

質問　皮膚科学的な意味で。

山中　皮膚科学的には一切問題がないのです。要するに、彼女は再三にわたって、絵で自分の姿を見せてくれました。現実の姿も、顔と手足の一部は見えるのですが、蕁麻疹は一切なくなっています。おそらくは全部消えていたでしょう。治ってなかったら、彼女は「治らないじゃないか」と言ったでしょうから。全部消えてしまい、皮膚科学的にはまったく問題がなくなり、精神病理学的にも離人症がきれいに消えました。

離人症は二次症状だと私はみていました。彼女のこころの問題を明らかにしたわけではありませんが、精神病理学的症状と皮膚科学的な湿疹症状が、実は彼女のこころを守っていたのです。守るための防衛だったと、私は見ています。それが必要なくなったわけです。そんなことで守らなくても、自分が自分であることを受け入れられるようになったわけですから、身体的な症状も、精神的な症状もなくていい。そういうところまで来たことは明らかであり、この事例が一番わかりやすいと思って、お出しした次第です。

ところで、事例を公開することがいかに大変なことかをお話ししましょう。先の本では、十五年過ぎてから、文字だけで、絵を出さず提示しました。そして三十年経ったとき、たまたま本人に駅で会ったのです。子どもさんを三人連れて、三人のお母さんになったのです。初めは彼女とわからなかったのですが、彼女のほうから『先生』と声をかけてくれました。「誰だろう?」と思ったのですが、三十七年前に会った彼女だとわかりました。その再会が、いまから十年前のことです。彼女にあの本を送って「専門的な話に、あなたのことを使わせて頂いてよろしいでしょうか」とお願いしたところ、彼女もOKしてくれました。私は基本的に、本人に尋ねて了解を得ることが倫理観としては一番大事だと思うのです。

ただしそれでも、中途半端な段階で承諾をとると、逆に患者さんと変な関係になることもあります。一番有名なのはフロイトの狼男であったり、ねずみ男だったりします。フロイトの事例だということで、有名人になってしまうのです。イブ・ホワイトとイブ・ブラックという仮名の多重人格障害を起こした人がいます。「先生はわたしを二重人格と診ていたけれども、実はわたしは二十一重人格だった」という内容の本を書いた人ですが、これも、症例であったことを前面に出すことで有名人になった人です。そのように、いろいろなことが起こってくるので、事例では、本人の本当の秘密には一切触れないことが大切です。私も今日、一切触れていません。それでも、精神病理学・臨床心理学・表現病理学といった学問で、皆が共有できて、かつ本人も傷つかない部分は確かにあるのです。
私は箱庭も全部言語化しました。『少年期の心』に書いたのは、症例をみてから十年経ったところで、箱庭を一切出さずに全部言語化しました。中井久夫先生が風景構成法で三次元を二次元にしたのと同じ意味で、象徴次元にしてしまって提示する。それが共有できるようになって、三十年経ったいま初めて、こういう格好で、もともとの絵画として示す方法を使いました。なぜかというと、言語で書いているとどうしても嘘が混じるからです。それが絵で見れば一目瞭然です。ただし、絵はそれだけインパクトが強い分、本人の機密を守る部分が薄れます。そうした葛藤が、実は私の今までの動きでもありました。そこのところは倫理の問題としてとても大切です。事例をどう公開するのかという問題はとても大事なことなのです。少なくとも彼女は、再会の折にこう語ってくれました、『「自分が紹介されている本を読んで」先生はわたしをすごくよく診てくれていたんだ、と思いました。あの頃は先生のことが、大好きで、大嫌いでした。すっかり忘れていました。先生に治療を受けたこと、画を描いたことすら忘れていました』と。とても面白かったです。

＊＊＊＊＊　　＊＊＊＊＊　　＊＊＊＊＊

質問　私も精神病院で働いているのですが、山中先生が絵画療法を最初に導入されたときのような、言葉を話さない患者さんは少なくなっているような気がします。逆に言葉はよどみなく話すのですが、行動で自分の気持ちを表せないような人格障害のような患者さんが増えていると思うのですが、そういう方に表現療法を適応する場合、どういったことに気をつければよろしいでしょうか。

山中　とても良い質問だと思います。私がこういう方法を始めたときには、バーバルな表現はできないがイメージでは表現できる人をすくったわけです。しかし、いま仰ったように、行動でしか自己表現をできない一群があり、現代はそちらのほうが多いです。イメージでも表現できない、言語にもならない、すぐに行動化してしまう。その最たるものは「気がついたら人を殺していた」というものです。

行動に表現してしまう人たちが、いわゆるサイコセラピー、精神療法の次元に乗ることはなかなか難しいのです。なぜかというと、イメージで自己を表現するというバイパスをなかなか採れないからです。たとえば少年院や鑑別所の先生方がそれをなさっているのですが、そういう人たちに絵画を描いてもらうと、手を後ろに隠すとか、手の部分を黒く塗るとか、バウムテストの描画を中を全部真っ黒に描くとか、ネガティヴなサインばかりが目立ち、ポジティヴなものをなかなか見出しがたいそうです。

彼らは「イメージ化する力」そのものが損なわれているので、その部分で勝負しようとすると、彼らはネガティブな表現しかできないでしょう。だからこそ行動で表現しているのです。そこで、行動で自己表現している人への方法論をどうするのかという課題になると思います。たとえばダンスムーブメント・セラピーとか、ミュージック・セラピーなどのように、絵画空間・視覚空間ではなく、動くほうや聞くほうで自分たちの自己表現をうまく汲み取る方法論がおそらく大事なのではないでしょうか。そのことに気がついて、マリコ・ダンスシアターを主催している高安マリコさんと組んで、そういう問題を持った人がダンスの自己表現をすることによって自己表現が可能になり、そこから逃れていくケースが、いまたくさんあります。

すべてに適応できる方法論はおそらくないでしょう。だから、「こういう窓口で、こういう障害を持っている人には、こういう方法論で接してあげて、その線上で彼らの自己表現を受け取れる」、そうした感受性を磨く必要があるでしょう。

******　******　******

質問　いま、アトピーの方が多いのですが、先生のたくさんの症例のなかで、今日も蕁麻疹の話がありましたけれども、アトピーに対してはいかがでしょうか。これまで診てきたなかで何パーセントだったとか。

山中　まず、いま症例と言われましたが、私は症例としてあげたわけではありません。事例と症例の言葉遣いは微妙なのです。それはそうと、私がどのぐらいの方を診たかはわかりませんが、アトピーの方も、たしかに今たくさんいらっしゃいます。現代は小学生中学生でアトピーの子は本当に多いです。これは皮膚の問題ですので、表向きには皮膚症状ですが、皮膚科の先生方、あるいは心療内科の先生方がこぞって仰っているのは、「アトピーとは、こころが大変微妙に関与した病気であり、皮膚科だけの単独疾患ではない」という認識がいまでは共通認識です。

私がお会いした人のなかにもアトピーの方がいらっしゃいました。アトピーとしてお会いしたわけではありませんが、アトピーを持っておられる方はたくさんいました。なぜかというと、アトピーを表現しながら、ボーダーライン的な問題を実は精神病理学的に持っておられて、そちらの方で私がお会いしたとか、学校で登校拒否というかたちで表現されて、学校に行かないという症状で連れて来られたけれども、同時にアトピーを持っておられたという方がずいぶんいるのです。計算したことはありませんが、おそらくは一五パーセントぐらいはある感じがします。

先ほどの質問に重なるのですが、私の理解では、皮膚症状とは身体言語です。アトピーも身体言語のひとつです。バーバルなものが、身体を媒体にした表現となっている。身体言語というかたちの症状で表現されているもの、それは私の言葉ではイメージ言語で、絵画にもなりうるのですが、ここで紹介した方はたまたまそれが隣接していたので、容易に移行することができ、この方法で救われることができました。

しかしアトピーの方々がイメージ言語に近いとは必ずしも言えず、私の感触では意外と遠い人が多いです。アトピーという表現活動をヴィジュアルな視覚で表現することが得意な人よりも、先ほどのご質問にあったような、行動で表現してしまう方のほうが多いのです。アトピーの方々を診ているとなぜかそうなのです。一部の方にはこの方法が有効な窓口かもしれませんが、大部分のアトピーの方々はこの方法ではなかなか難しいのではないかと考えています。

けれども、だから駄目だというのではなく、彼らには彼ら特有の問題がいくつかあります。アトピーをどうやって治すのかは世界中の論議となっており、皮膚科の方でも問題にすごくなっています。青森には、皮膚をただ温めて撫でさする方法論で相当数の人を治した病院があります。これはひとつのヒントだと思います。

アトピーとは、自分が幼児期、特に〇歳から三歳頃、フロイトやクラインの言葉を使えば再接近期に母親や父親といった主たる養育者の暖かく包み込むような愛情を体験せずにきて、皮膚症状になっているというかたちが多いです。その部分をもう一度、どういうかたちで扱うかが問題でしょう。下手にその次元だけを扱ったら、退行だけが起こって余計に悪くなることは明らかですので、どういう方法で彼らを守りながら、そういう問題を乗り越えられるのかが大切だと思います。

その青森の病院では、それを実践的にやられております。哲学的・精神病理学的・臨床心理学的な知識はお持ちではないのですが、非常にうまく枠付けをして、彼らへの愛情をふんわりと包むかたちで皮膚をマッサージすることを通して、皮膚が再活性化されて、アトピーから脱却する方法のようです。もちろんそれはまだ試行的な段階であり、はっきりと確立されたものではないのですが、そういうところをもう少し進めると、我々が問題にしている領域まで来てくれるのではないかと考えています。「アトピーにもこういう方法論が有効である」というかたちで出していけるところがだいぶあるのではないかと私は見ております。

ただ私には、アトピーとして治療したケースはありません。私自身の実際の経験としては述べられないので、その程度しか答えられず、申し訳ありません。

著者略歴（本書掲載順）

河合隼雄（かわい・はやお）

1928 年生まれ、京都大学理学部卒業。
京都大学教育学博士、京都大学名誉教授。
ユング派分析家、臨床心理士。
文化庁長官、日本臨床心理士会会長。

大塚義孝（おおつか・よしたか）

1931 年生まれ、金沢大学法文学部哲学科（心理学専攻）卒業。
学術博士、京都女子大学名誉教授。臨床心理士。
帝塚山学院大学大学院教授。
財団法人 日本臨床心理士資格認定協会専務理事。

氏原寛（うじはら・ひろし）

1929 年生まれ、京都大学文学部卒業。
学術博士、臨床心理士。
帝塚山学院大学大学院教授。
帝塚山学院大学大学院心理教育相談センター長。

一丸藤太郎（いちまる・とうたろう）

1944 年生まれ、広島大学教育学部卒業。
博士（心理学）、臨床心理士。
神戸松蔭女子学院大学大学院教授。
帝塚山学院大学大学院客員教授。

山中康裕（やまなか・やすひろ）

1941 年生まれ、名古屋市立大学大学院医学研究科卒業。
医学博士、京都大学名誉教授。臨床心理士。
ヘルメス研究所所長。
帝塚山学院大学大学院客員教授。

新曜社
心理臨床の知恵
帝塚山学院大学大学院〈公開カウンセリング講座〉①

初版第1刷発行　2005年7月25日　©

著　者　河合隼雄・大塚義孝・
氏原寛・一丸藤太郎・山中康裕

発行者　堀江　洪

発行所　株式会社 新曜社
〒101-0051 東京都千代田区神田神保町2-10
電話(03)3264-4973(代)・FAX(03)3239-2958
e-mail info@shin-yo-sha.co.jp
URL http://www.shin-yo-sha.co.jp/

印刷・製本　株式会社 太洋社　Printed in Japan

ISBN 4-7885-0957-1　C1011